その広報に関係する法律はこれです！

縣　幸雄

創成社新書
63

はしがき

本書「その広報に関係する法律はこれです！」（新訂版）は、２００５年8月発刊の「その広報に関係する法律はこれです！」を換骨奪胎して作成したものです。前著では２８０のQを設定しましたが、本書は、読みやすい新書版と装いを改め、２０８のQでまとめています。前著と同様に、広報活動の資料として、本書が利用されれば、筆者にとって大変な幸せです。

本書を完成するにあたって、前著では参考にさせていただいた多くの著書を巻末に挙げましたが、本書では新書版というページ数の制約のため、割愛をさせていただきました。学恩に感謝します。ただ、そのQ&Aにとって、決定的に依拠させていただいた著書およびURLについては、文中に記入しておきました。会社において広報を担当する者は多様な法律問題に対応しなければなりません。本書はその対応への一助になれば幸せです。本書出版につき14年前の旧著を新訂版として改めて出版をして下さった創成社の塚田尚寛氏に、新書版という限られたスペースで編集・校正をしていただいた西田徹氏に、ここに厚く謝意を表します。

２０２０年7月20日

筆者　縣　幸雄・大妻女子大学名誉教授
（文学部コミュニケーション文学学科）

目次

Part3

リサーチの法務 75

Part4

ブランドマネジメントの法務 97

Part5

リスクマネジメントの法務 111

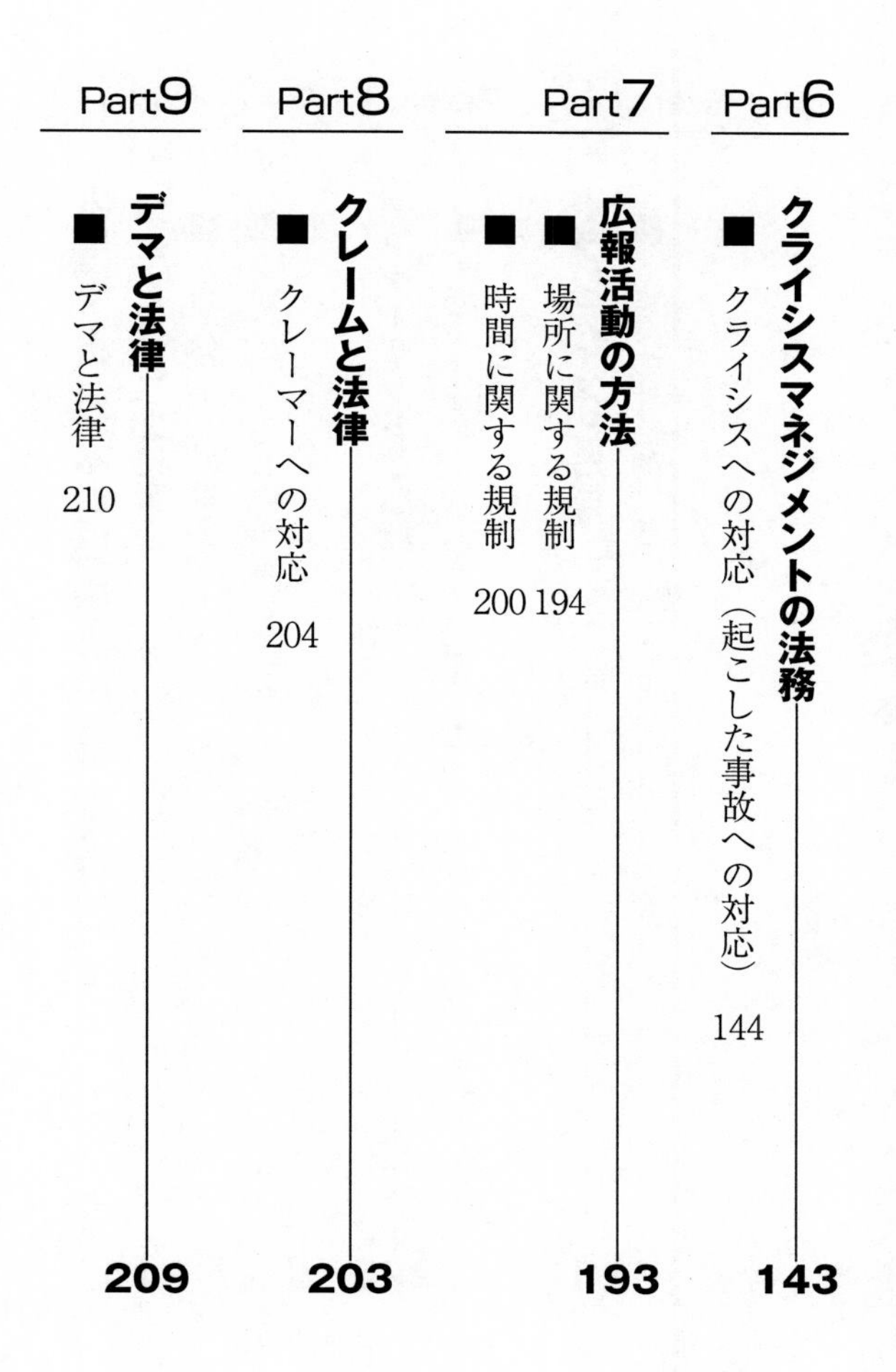

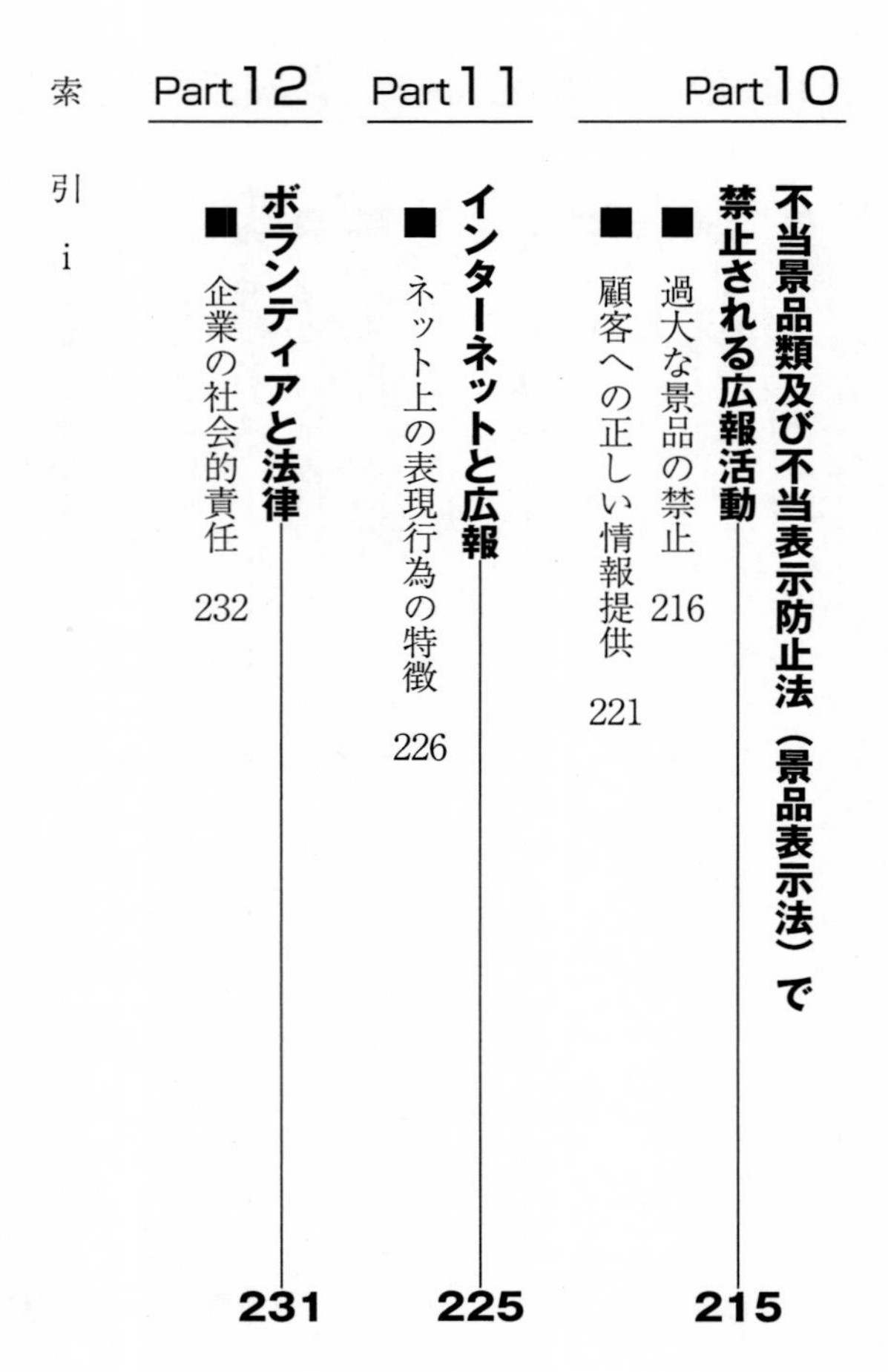

Part 1

広報活動

■広報活動の目的

Q001 広報とは、どのような活動のことをいうのですか？

A 広報（PR・Public Relation）とは、企業や国やNPOなどが、その事業や活動の方針を広く社会に訴え、その共感を得ようとする表現行為のことをいいます。このようなPR活動を行う理由は、社会の支持がなければ、その組織はスムーズな活動ができないからです。

広報の対象は、ステークホルダー（stakeholder）です。ステークホルダーとは、顧客、取引先、政府関係者、メディア、投資家、事業所所在の地域住民など、事業を取り巻く利害関係者であり、それらの者に対して、その事業の活動を理解してもらう活動が、広報です。そして、広報が伝える内容は、事業活動の行動原則は、コンプライアンス（compliance）＝法令遵守にあり、それに基づき活動しているということです。

Q002 広報と広告は、どこが違いますか？

Ⓐ 広報とは「自分たちに好意をもって欲しい」というイメージ・アップを図る表現行為であり広告とは「この品やサービスは、魅力があるから、ぜひ、購入して欲しい」という商品やサービスの有用性をアピールする経済的意味をもった表現行為です。

両者の区別は、相対的なものであり、良い広報はその会社の製品の価値を高め、良い広告は企業のイメージを高めます。

宣伝・広告	比較事項	広報・広聴
日本では江戸時代から行われていた	歴史	戦後，GHQの活動から広報の語が使用された
商品・サービスを売り込むため	目的	社会の理解と信頼を獲得するため
マーケティング（市場開拓）	機能	マネジメント（経営管理）
絞り込んだ消費者	対象	その業務に関係する者
長所の主張	特徴	情報公開・説明責任

■広報の種類

Q003 企業広報には、どのようなものがありますか？

Ⓐ 企業が行う広報活動は多方面に及んでいます。代表的なものは広報誌やＨＰの作成、パブリシティ（publicity、マスコミに新製品の紹介）、パブリック・アフェアーズ（public affairs、国・自治体・業界などとのコミュニケーションの確立）などへの情報発信、消費者からの苦情の処理、社内不祥事による信用失墜が生じた場合の回復措置などの危機管理、市場調査や資料の収集などの調査活動、また社会貢献など地域への協力活動があります。これをコーポレート・コミュニケーションズ（cooperate communications）といい、これらの広報活動と広告・宣伝、販売促進を統合的に1つの部門で行うことがあります。

Q004 法的に注意しなければならないことは何ですか？

Ⓐ 広報関係の業務は、なによりも法令遵守（コンプライアンス、compliance）がなされていることが要請されます。多くの優良企業が、違法行為を行ったことが発覚したことによって、社会からの糾弾を受け、苦境にいたることは多くの事例で証明されているところです。

広報活動を行うにつき、その活動を規制している多くの法令に関係していますが、その法令のすべてをクリアしていることが要請されます。社会は、法令違反をゆるしません。その企業が、グローバル化した社会の中で生き残り、社会の支持を得て成長していくには、なによりもコンプライアンスに敏感な企業であるとのイメージをつくることが必要です。

Q005 新市場の開拓にあたって、「攻めの広報」で、法的に注意しなければならないことは、どのようなことですか？

Ⓐ

① ライバルを違法な仕方で、批判することです。虚偽の風説を流し偽計を用いれば、刑法の信用毀損・業務妨害行為となります。

② 製品説明会での発言につき、例えば「世界一」、「比類なき」、「トップを行く」、「最新の」（製品発売後1年以内はこの語の使用可といわれている）など明示するデータを伴わない根拠のない発言は、景品表示法が禁止する「優良誤認の表現禁止」に違反します。

③ ネット上の「くちコミサイト」でサクラを使用して評価を上げるようなステマ（ステルス・マーケティング）を行うことは景品表示法が禁止する「優利誤認の表現禁止」に違反する可能性があります。

④ 下請け、チェーン店などで、自己の強い経済的立場を利用しての売り込み・経済的協力の要請は、独占禁止法が禁止する「優越的地位の利用」で違法となる可能性があります。

以上、広報活動では、ライバルの悪口、自己の製品・サービスの誇大広告、弱いもののイジメをすれば、アウトということです。

Q006 広報には「守りの広報」があります。それは、どのようなことですか？

Ⓐ 企業は、常に、組織の衰退または滅亡の危機に向かい合っています。

その例として、自社の製品やブランドが模倣されることにより、価格や信用面で、競争力を失われることがあります。自社のブランドが模倣行為により「希釈化」（紛らわしい商標の出回りにより自社のブランド名の価値が失われていくこと）と「汚染」（自社の商標名が異業者により便乗利用されること）がされないように監視することが必要です。ブランドマネジメントは、組織の衰退を防止する守りの広報です。

企業が当面する危機には、自然災害・交通事故・公害・企業犯罪・社内不祥事・個人情報の漏洩・コンピュータ停止・不買運動など、多種多様なものがあります。これらに対応する方策を事前に用意しておくことがリスクマネジメントであり、不幸にしてこれら危機が起きてしまった場合にそのダメージをコントロールするのがクライシスマネジメントです。これらのマネジメントは、組織の滅亡を回避する守りの広報活動です。

Q007 公的機関の広報にはどのようなものがありますか？

Ⓐ 国、自治体の広報です。各官庁のＨＰ、「県民だより」などが、その例です。これらの広報活動は、説明責任（アカウンタビリティ、accountability）によるものです。

行政は、国民や住民の信託にもとづく活動であり、その業務の内容を説明・報告する義務があるという民主主義の原理によるものです。この広報については、法規にしたがい必ず行うべき広報、たとえば「選挙公報」などと行政機関の自由裁量にゆだねられた広報、たとえば「県民だより」などがあります。

また、国が必要な事業を行おうとする場合、企業的経営がなじむものにつき、法律により設立する特殊法人があります。宇宙開発事業団、国民生活センターなどです。国が直接に行うことが必要ではなくとも、民間にゆだねると実施されないおそれがある事業につき、国が法人を作って、その事業を行わせる独立行政法人があります。国立美術館、造幣局などが、それです。これらの法人が行う広報は、国の広報に準じます。

Q008 公的機関が広報で注意しなければならないことは何ですか？

Ⓐ 公的機関が、広報活動で注意すべきことは、特に、次のことです。

憲法は公的機関を直接に規律する法なので、広報活動は憲法遵守です。

国民の権利自由を侵害できません（憲法13条）。

平等原則の順守です（憲法14条1項）。

公務員が行う広報は全体の奉仕者であり一部の者の奉仕者であってはなりません（憲法15条）。

広報で損害を加えた場合、賠償責任が生じます（憲法17条）。

広報で宗教活動を行うことは禁止です（憲法20条）。

国民の財産権を侵害できません（憲法29条）。

Q009 企業広報、公的機関以外の広報にはどのようなものがありますか？

Ⓐ たとえば、公益法人（公益社団法人、公益財団法人、一般社団法人、一般財団法人）、労働組合、農協、宗教法人、学校法人、NPOなど、民法、労働組合法、農業協同組合法、宗教法人法、特定非営利活動促進法など、個別の法律によって設立が認められた法人が行う広報があります。また、任意団体である同好会、サークル、親睦会などが行う広報があります。これらすべての法人や団体は、広報活動を行う自由を、憲法上の人権として有しています。

【憲法21条1項】 集会、結社及び言論、出版その他一切の表現の自由は、これを保障する。

Q010 これらの広報で、法的に注意しなければならないことは、どのようなことですか?

Ⓐ 法的に一定の限界があることに注意すべきです。法人や団体は、民法34条の規定にしたがい、一定の目的をもって設立された人的な集団であり、その目的のために利用する財産です。

したがって、たとえば、特定の政党や政治家と交流することを目的として組織されている後援会などの団体が政治的キャンペーンを行うのは当然のことでしょうが、食品衛生や児童福祉を行うために設立された法人が、特定政党を支持するような広報活動を大々的に行うことは、その法人設立の目的の範囲内のこととはいえず、そのような広報活動は抑制すべきです。

【民法34条】 法人は、法令の規定に従い、定款その他の基本約款で定められた目的の範囲内において、権利を有し、義務を負う。

Part2

プレゼンテーションの法務

■著作権

Q011 広報誌を作成する場合、法的に注意すべきことは、どのようなことですか？

A それは、なによりも他人の正当な法的権利を侵害してはならないということです。広報誌作成には、コンプライアンス（法令遵守）が要請されます。

① 著作権の侵害はないのか。
② 肖像権やパブリシティ権の侵害はないのか。
③ 名誉権やプライバシーの侵害はないのか。
④ 他社の信用毀損、業務妨害営業誹謗行為、不当表示とされる表現行為を知らずに行ってはいないか。

右記のことを、法律に照らしてチェックすることが必要です。

Q012 著作権があるとされているものは、どのようなものですか？

Ⓐ 著作物のすべてに著作権があるものではありません。

著作権法2条1項1号で、著作物とは「思想または感情を創作的に表現したものであって、文芸、学術、美術または音楽の範囲に属するものをいう」と定めています。したがって、事実を伝える新聞記事や用具の使用方法を伝える取扱い説明書などには著作権はありません。著作権法10条1項で「この法律にいう著作物を例示すると、おおむね次のとおりである」として、著作権のある著作物を1号から9号で例示しています。

また、著作権法11条（二次的著作物）、12条（編集著作物）、12条の2（データベースの著作物）でも、著作権のある著作物を、下記のようなものとして、あげています。

1号	小説，脚本，論文，講演その他の言語の著作物
2号	音楽の著作物
3号	舞踊または無言劇の著作物
4号	絵画，版画，彫刻その他の美術の著作物
5号	建築の著作物
6号	地図又は学術的な性質を有する図面，模型その他の図形の著作物
7号	映画の著作物
8号	写真の著作物
9号	プログラムの著作物

二次的著作物	原作を翻訳，編曲，変形，翻案（テレビドラマ化）する原作者の権利
編集著作権	百科事典，辞書，新聞，雑誌，美術全集，詩集の編集者の権利
データベースの著作権	編集著作物のうち，コンピューターで検索可能にした編集者の権利

Q013 著作権には、どのようなものがあるのですか?

Ⓐ 著作権法21条より28条で、その内容を定めています。これらの権利を著作者は持ちます。独創的な表現があれば、それと類似したものを発表すると、盗用であり著作権侵害にあたるとされています。

広報に関係しているのは、主に、21条の複製権です。本の奥付けに「無断転載・禁」と小さく書いているのが、それです。著作者の権利を守る権利です。

著作権法21条は、著作権をコピーして利用することは著作者に専有させるということであって、特許権や意匠権のように、そこでのアイディアを専有させるというものではありません。

したがって、広報誌作成にあたり、文章や図形につき、参照文献を明記して、それの一部を参考にして独自に作成をした場合、アイディアの参照であり、著作権侵害とはなりません。

ただ、写真については、被写体、採光、アングルなどに、独創的な表現があれば、それと類似したものを発表すると、盗用であり著作権侵害にあたるとされています。

複製権（21条）	コピー機による複写，録音，録画をする権利
上演権，演奏権（22条）	演劇の上演，音楽の演奏をする権利
上映権（22条の2）	映画，写真，絵など人に見せるためスクリーンで上映する権利
公衆送信権（23条）	テレビ，ラジオ，ネットで著作物を送信する権利
口述権（24条）	小説や詩など作品を朗読して多くの人に聞かせる権利
展示権（25条）	絵画や写真を展示して人に見せる権利
頒布権（26条）	映画の著作物を販売したり貸し出したりする権利
譲渡権（26条の2）	映画以外の著作物の複製物を多くの人に貸し出しする権利
貸与権（26条の3）	著作物を翻訳，映画化など二次的著作物を作り公衆に提供する権利
翻訳権，翻案権（27条）	映画以外の著作物の複製物を人に販売などの方法で提供する権利
二次的著作物の利用に関する原著作者の権利（28条）	自分の著作物（原作）から作った二次的著作物（映画，アニメなど）を利用することについて，原作者が持つ権利

Q014 著作権の存続期間は何年間ですか？

Ⓐ 著作物は発表された時点で、自動的に著作権が認められます。この点で、政府への登録が必要な工業所有権（特許権、意匠権、商標権など）とは異なります。

いままでは、著作者の生存期間中および没後50年間、映画については公開後70年間、著作権がありました。

2018年12月から、TPP整備法によって、この著作権の保障期間が大きく変わりました。個人の著作物は生存期間中及び没後70年間、法人の著作物は公表後70年間、映画も公表後70年間となりました（著作権法51条）。

この期間を経過すれば、著作権は消滅します。その後は、パブリック・ドメイン（公の所有物）になり、だれでも、自由に、著作物を利用することができます。

なお、著作権法においては、一度、保護がきれた著作物等については、その保護を後になって復活させる措置はとらないものとされています。したがって、既に保護期間が過ぎているものについては、没後20年の期間内にあるとして、計算をやり直して、遡って保護期間が延長されるということはありません。

Q015 著作者人格権とは、どのような権利ですか？

Ⓐ ３つの内容があります。これらの権利は、著作者の一身に専属し、他者に譲渡することができない権利とされています（著作権法59条）。

① 公表権により、他人の著作物を無断で公表することは禁止されます。

② 氏名表示権により、ペンネームで発表されている著作物の著者や匿名の著者の実名を明らかにすることは禁止されます。

③ 同一性保持権により、他人の著作物の内容を勝手に変えることは禁止されます。

公表権	著作者が，著作物を公表するか否か，公表する場合に，どのような方法で公表するかを決定する権利。
氏名表示権	著作者が，自分の著作物に，氏名を表示するか，匿名にするか，表示する場合に，本名にするか，ペンネームにするかを決定する権利。
同一性保持権	著作物のタイトルや内容を，改竄されない権利。

Q016 著作権者が亡くなった後、どうなるのですか？

Ⓐ 著作者人格権は、人格権なので、生きている者に認められる権利です。死者になれば、人格権は消滅しますが、死者になったということで、勝手に匿名記事の筆者の実名を明かすということには問題があります。

そこで、著作権法60条は、著作権者が生きていたなら「公表を避けたい」と考えられるものについては、公表できないと規定しています。

もし、そのような権利侵害行為があった場合には、著作者の遺族が、差止請求（著作権法112条）、名誉等回復の措置請求（著作権法115条）、損害賠償請求（民法709条）ができます。

このような請求を遺族が出来るのは、死後70年であり（著作権法116条）、その期間を経過すれば、その著作物の著作者人格権は消滅します。

権利が消滅すれば、「真実はこうであった」と、歴史を明らかにすることができます。

【著作権法60条】 著作物を公衆に提供し、又は提示する者は、その著作物の著作者が存しなくなつた後においても、著作者が存しているとしたならばその著作者人格権の侵害となるべき行為をしてはならない。ただし、その行為の性質及び程度、社会的事情の変動その他によりその行為が当該著作者の意を害しないと認められる場合は、この限りでない。

Q017 著作者と著作権者は同一人物ですか？

Ⓐ 同一人物である場合と異なる人物の場合があります。

著作者が、著作権者であり、著作者と著作権者とは同一であることが普通です。異なる場合とは、人に著作物を作ってもらい、自己の広報誌などに掲載するような場合です。たとえば、アニメーターに広報誌で使用するイラストを描いてもらうような場合です。その場合、「著作物利用許諾契約」を結ぶことになります。利用権は依頼をした会社です。アニメーターは、著作権を譲渡してなくとも、ダブルブッキングはできず、自己の作品をコピーして他社に渡すようなことはできません。

広報誌がアニメーター制作のイラストを買い取ることがあります。「著作権譲渡契約」を結ぶことになり、広報誌が著作権をもつことになります。この場合、「著作権のすべて（二次的著作権を含む）を譲渡する」という契約を結ぶことが必要です。もし、この契約を結ばないと、著作者であるアニメーターはイラストの色や形を少し変えて使用する翻案権を持つからです。しかし、著作者人格権の氏名表示権は作者にあるので（著作権法19条、59条）そのイラストの作者名を表示することをアニメーターが求めている場合には、その作者名を記すことが必要です。

Q018 他者の著作物を無断で自由に利用できる場合がありますか？

Ⓐ ありますｏ著作権法は、以下の目的でコピーをすることにつき、著作権者の同意を必要としない、としています（著作権法30条以下）。

下記21個の事柄のため著作物を利用することについては、著作権者の承諾は無用です。

私的使用のコピー	図書館でのコピー	教科書での利用
学校での放送	学校の授業に使用するコピー	入試問題への利用
点字による複製	聴覚障害者の利用	営利目的としない上演
時事問題論説の転載	政治上の演説のための利用	報道のための利用
裁判手続のための利用	情報公開法による開示	翻訳・翻案のための利用
美術品の所有者による展示	銅像等の著作物の利用	展覧会のプログラムへの利用
放送事業者による一時的録画	プログラム所有者の複製	文章等の一部引用

Q019 広報で人の文章を引用する場合、どのようなルールがありますか？

Ⓐ 著作権法32条が定める引用の3要件を満たすことです。

・公表されたものであること
・その引用が公正な慣行に合致すること
・引用が正当な範囲で行われていること

公正な慣行とは、引用した文章をカッコでくくるなどして引用文たることを明示することであり（明瞭区別性）、引用が正当な範囲であるということは、自分が作成した著作物が主であって、引用文は従たるものでなければならないということです（主従の関係）。

何ページ、何文字という制限はありませんが、自分の文が主、引用する文が従の関係を保っていることが必要です。

絵や写真、俳句、短歌、音楽の歌詞のようなものについては、一部分の使用は考えられず、全文の引用が可能になります。

Q020 著作者不明の作品（画、写真など）などを広報の表紙に使用したい場合、どのようにすればよいのですか？

Ⓐ 著作権法67条により、公表された著作物で、相当の努力をしても著作権者との連絡がとれない場合には、文化庁長官が定める額の補償金を著作権者のために供託すれば、使用できます。これを強制許諾といいます。その手続については、著作権法施行令に規定されています。また、相当な努力をしても著作権者と連絡がとれない場合にも、この著作者不明等の場合における著作物の利用のルールが適用されます。

【著作権67条】 公表された著作物又は相当期間にわたり公衆に提供され、若しくは提示されている事実が明らかである著作物は、著作権者の不明その他の理由により相当な努力を払ってもその著作権者と連絡することができない場合として政令で定める場合は、文化庁長官の裁定を受け、かつ、通常の使用料の額に相当するものとして文化庁長官が定める額の補償金を著作権者のために供託して、その裁定に係る利用方法により利用することができる。

Q021 建物の設計図、街頭での展示物には著作権はありますか？

Ⓐ 建物の設計図には著作権はあります（著作権法2条15号のロ）。そして、それによって出来た建造物にも著作権があります。それを複製して同じものを作ることはできません。また、銅像やモニュメントのように屋外で展示する公開の美術品についても、同じ物を制作することはできません。そしてレプリカを作り販売することは禁止されます（著作権法46条）。

写生をしたり写真を撮ることに問題はありません。

しかし、それをメインビジュアルとした広告を、無断で作成すると、不正競争防止法が禁止する名声への「ただ乗り」（著名表示冒用行為）となり、違法行為となる可能性があります（不正競争防止法2条1項2号）。

Q022 Tシャツにあるキャラクターが映り込んだ写真を広報誌に掲載した場合、そのキャラクターを制作した会社の著作感を侵害したことになりませんか?

A 偶然に写ったものについては、「写り込み」として著作権侵害とならないものとしています(著作権法30条の2)。したがって、あえてぼかしを入れるような写真の工作は無用です。

また、広報ビデオで、たとえば、街の風景の映像の中で偶然にパチンコ店から流れてきた音楽が録音されている場合、それは「写り込み」であり、そのまま放映しても問題はありません。

ただし、意図的に、イメージアップするために、その有名ブランドやヒット曲を利用しているものであるならば、不正競争防止法2条1項2号の禁止する名声への「便乗・ただ乗り」(著名表示冒用行為)となり違法となる可能性はあるので、このことには、注意しなければなりません。

Q023 店の看板に著作権はありますか？

Ⓐ 単に、売り物、営業時間などの情報を提供しているものならば著作権法10条1項1号が規定する「思想又は感情を創作的に表現したものであって、文芸、学術、美術又は音楽の範囲に属する」ものとはいえず、単に情報提供であり、著作権法上の著作物とはいえません。

ただし、看板の文章、イラストに独創性があり、美術的意味があるならば、その部分について著作権法10条1項により、著作権があります。

それが、単に商品の内容の説明文、写真である場合には、独創性はなく、著作権法10条2項が規定する事実の伝達に過ぎないので、著作権があるとはいえません。

【著作権法10条2項】 事実の伝達にすぎない雑報及び時事の報道は、前項第一号に掲げる著作物に該当しない。

Q024 他人が撮影した写真をイラストに描き直して広報に利用することはできますか？

Ⓐ 写真には著作権があります（著作権法10条1項8号）。その写真をイラストに利用することは、二次的著作物を作ること、翻案をすることです（著作権法11条）。この権利は、元著作者がもつものですから、当然に、写真の著作権者の了承が必要です。

ただ、既に70年以上前の写真については著作権が消滅し、パブリックドメインになっているので、イラストに描き直すことは自由です（著作権法51条）。また、私的使用のための利用も可能です（著作権法30条）。外部には出さない習作としての利用は可能です。

【著作権法51条】

1　著作権の存続期間は、著作物の創作の時に始まる。

2　著作権は、この節に別段の定めがある場合を除き、著作者の死後（共同著作物にあっては、最終に死亡した著作者の死後。次条第1項において同じ。）70年を経過するまでの間、存続する。

Q025 ホームページに著作権はありますか？

Ⓐ ＨＰは、著作物です。ＨＰが著作物であることを、著作権法は直接には規定してはいません。しかし、著作権法2条1項で、著作権とは「思想又は感情を創作的に表現したものであって、文芸、学術、美術又は音楽の範囲に属するものをいう」と定め、そして10条1項で著作権のある著作物は「この法律にいう著作物を例示すると、おおむね次のとおりである」というように包括的な規定をしています。したがって、ＨＰは開設者の思想や感情を創作している表現物である以上、ＨＰは著作権法21条により著作権がある表現物であるといえます。

【著作権法21条1項】 著作者は、その著作物を複製する権利を専有する。

Q026 リンクを自分のホームページに貼ることはできますか？

Ⓐ 自分のＨＰにリンクを貼り、他のＨＰを参照できるようにする行為は、他人の著作物を複製したことになり、著作権の侵害にならないのかということが問題になります。著作権法21条では、複製権をもつのは著作権者であると規定しているからです。

しかし、リンクを貼る行為は、リンク先のアドレスを示したものにすぎず、その内容をコピーして自己のＨＰの載せているものでないために、著作権を侵害するものではないとされています。広報活動は、社会と良好な関係を形成することに目的があります。無断でリンクをすることは、マナーに反することであり、承諾を得て、行うことが必要です。

【著作権法21条1項】 著作者は、その著作物を複製する権利を専有する。

Q027 美術館のホームページのある名画をコピーして、その画像を広報で利用することはできますか？

Ⓐ これはできません。名画の著作権保護期間が経過しているとしても、ホームページの著作者は名画を描いた作者とは別者とされ、美術館に編集著作権（著作権法12条）が生じています。美術館の許可を得て利用することが必要です。

【著作権法12条】 編集物（データベースに該当するものを除く。以下同じ。）でその素材の選択又は配列によつて創作性を有するものは、著作物として保護する。

Q028 子どもの作文や絵にも著作権はありますか？

A 子どもが作った物であっても、他人のものを真似たものではなく、独創性があれば、その子どもに著作権があります。この作文や絵を広報に利用しようとする場合には、民法８２４条によりその法定代理人である親の承諾が必要になります。

【民法824条】 親権を行う者は、子の財産を管理し、かつ、その財産に関する法律行為についてその子を代表する。ただし、その子の行為を目的とする債務を生ずべき場合には、本人の同意を得なければならない。

Q029 法人がつくった著作物の著作権は、だれが有するのですか？

Ⓐ 会社や団体の従業員が、その職務として作成した著作物は、労働協約・就業規則・内規などで特別の定めがなければ、著作権法15条によりその著作権は法人のものになります。これを「法人名義著作物」といいます。広報でこれを利用しようとする場合には、この法人の承認が必要です。この法人が解散・消滅したような場合、その財産・権利を承継した者が、その著作権を有することになります。

【著作権法15条1項】 法人その他使用者（以下この条において「法人等」という。）の発意に基づきその法人等の業務に従事する者が職務上作成する著作物（プログラムの著作物を除く。）で、その法人等が自己の著作の名義の下に公表するものの著作者は、その作成の時における契約、勤務規則その他に別段の定めがない限り、その法人等とする。

2 法人等の発意に基づきその法人等の業務に従事する者が職務上作成するプログラムの著作物の著作者は、その作成の時における契約、勤務規則その他に別段の定めがない限り、その法人等とする。

Q030 ポスター、チラシに著作権はありますか？

Ⓐ 広告物には、新聞・雑誌のポスター、パンフレット、ダイレクトメール、ちらし、屋外広告物などがあります。これら広告は著作権法2条1項1号が規定する「思想又は感情を創作的に表現したものであって、文芸、学術、美術又は音楽の範囲に属する」ものとはいえず、情報を伝達する表現行為であって、原則として、著作権法上の著作物にはなりません。

ただし、広告には、文章、写真、イラストがありますが、その文章に思想・感情を表す独創性があり、また写真、イラストに美術的意味があるならば、その部分について著作権法10条1項により、著作権があります。

それが単に商品の内容の説明文、カタログに載せている写真である場合には、Q023に記したように独創性はなく、著作権があるとはいえません。

【著作権法10条2項】 事実の伝達にすぎない雑報及び時事の報道は、前項第一号に掲げる著作物に該当しない。

Q031 アニメキャラクターの扮装をすることは著作権の侵害となりますか？

Ⓐ アニメの登場人物の要望・服装は「美術の著作物」または「映画の著作物」として保護されているので（著作権法10条1項4号・7号）、著作権の侵害となります。ただ、個人が自分で楽しむだけであるならば、私的利用のための複製（30条）であり問題はありません。また、多数の前に出る場合、上演権（22条）が問題となりますが、本人が営利を目的としていなければ、問題はありません（著作権法31条1項）。

【著作権法31条1項】 公表された著作物は、営利を目的とせず、かつ、聴衆又は観衆から料金（いずれの名義をもつてするかを問わず、著作物の提供又は提示につき受ける対価をいう。以下この条において同じ。）を受けない場合には、公に上演し、演奏し、上映し、又は口述することができる。ただし、当該上演、演奏、上映又は口述について実演家又は口述を行う者に対し報酬が支払われる場合は、この限りでない。

Q032 学校や企業の運動会で、市販のＣＤを利用して、音楽を流すことはできますか？

Ⓐ できます。著作権法38条1項により、営利を目的とせず、かつ聴衆または観客から料金をとらなければ、運動会でＣＤを使い、その曲をスピーカーで流すことは自由にできます。

【著作権法38条1項】 公表された著作物は、営利を目的とせず、かつ、聴衆又は観衆から料金（いずれの名義をもつてするかを問わず、著作物の提供又は提示につき受ける対価をいう。以下この条において同じ。）を受けない場合には、公に上演し、演奏し、上映し、又は口述することができる。ただし、当該上演、演奏、上映又は口述について実演家又は口述を行う者に対し報酬が支払われる場合は、この限りでない。

Q033 国や自治体の広報資料、調査統計資料に著作権はありますか？

Ⓐ 著作権法32条2項により、これらの資料を広報で説明の材料として自由に利用することができます。転載を禁止する旨の表示があった場合には、その資料の全文または一部をそのままコピーして利用することは禁止されますが、Q018に記述した「引用」に関する原則にもとづいて、利用できます。

【著作権法32条2項】 国若しくは地方公共団体の機関、独立行政法人又は地方独立行政法人が一般に周知させることを目的として作成し、その著作の名義の下に公表する広報資料、調査統計資料、報告書その他これらに類する著作物は、説明の材料として新聞紙、雑誌その他の刊行物に転載することができる。ただし、これを禁止する旨の表示がある場合は、この限りでない。

Q034 著作物制作の依頼（準委任契約、請負契約の場合）に注意すべきこととは？

Ⓐ パンフ・広告・ビデオなど、基本的な内容を定めて、広告会社に、内容・形式を「おまかせ」にする自由裁量を認めた契約があります。

これは、準委任契約（民法656条）として、広告制作会社に、著しい怠慢行為がなければ、その作品が不満であっても、受取りを拒否して、債務不履行として代金支払いを拒絶することは困難です。

依頼者が内容について具体的な指示を出している場合には、この契約は請負契約（民法632条）となり、広告会社は、その指示に誠実に応じていない場合には、債務不履行として、解約ができます。

この場合、「没」とした作品を参考にして、それに類似した作品を制作するようなことを行った場合、それは元作品の翻案権の侵害であり、キャンセルをされた会社より作品の著作権を侵害したとして訴えられることがあります

【民法632条】 請負は、当事者の一方がある仕事を完成することを約し、相手方がその仕事の結果に対してその報酬を支払うことを約することによって、その効力を生ずる。

【民法656条】 この節の規定は、法律行為でない事務の委託について準用する。

Q035 データベース、編集著作物には、著作権はありますか？

Ⓐ データベースとは、論文、数値、図形その他の情報の集合物であり、それらの情報を選択または体系的に構成したものです。

それには、顧客情報、企業内従業員に関する情報、論文・書誌OPAC、在庫情報などであり（著作権法12条の2）、これらには著作権があります。

編集物（データベースに該当するものを除く）で、その情報の選択又は体系的な構成の仕方に創作性があるものには、編集著作権として、著作権が認められます（著作権法12条）。編集著作物の例として、職業別電話帳（タウンページ）、百科事典、美術全集、辞典、六法全書などです（法律そのものには著作権はありませんが、公法・私法・社会法・条約などに分類していることに編集著作権があり六法全書からのコピーはできません・・・総務省行政管理局の「法令データ提供システム」からのコピーは国のサービスとして認められています）などが、それです。

しかし、同じ編集物ではありますが、ファクトデータ（例・50音順名簿、年齢別名簿、出身地別名簿）とされるものは、思想・感情を創造的に表現したものとはいえないために、著作権法上の編集著作物とはされていません。したがって、その著作物をコピーして利用することにつき、著作者の許可は必要となりません。

ただし、これらの著作物の中で「額に汗の理論（大変な労力を費やして制作したデータには財産的価値があるとする考え方）」により財産的価値があるデータについては、その無断コピーによって自己の財産上の利益の獲得を図り、それにより他人の営業上の利益を害するものであるならば、その無断コピーは、民法７０９条が規定する不法行為となると、判例は解しています。

【民法709条】 故意又は過失によって他人の権利又は法律上保護される利益を侵害した者は、これによって生じた損害を賠償する責任を負う。

Q036 ゴーストライターは違法ですか？

Ⓐ 違法ではありません。合法です。原案を示した者、その原案をもとにして制作した者の作品は、共同著作物であり、双方ともに著作権者です（著作権法64条）。

その著作物の原案を示し制作を依頼した者に対して、著作権を譲渡し、著作者人格権のうちの氏名表示権は行使しないということで制作を行うのが、ゴーストライターです。これは法的に認められている制度です。

【著作権法64条】

1 共同著作物の著作者人格権は、著作者全員の合意によらなければ、行使することができない。

2 共同著作物の各著作者は、信義に反して前項の合意の成立を妨げることができない。

3 共同著作物の著作者は、そのうちからその著作者人格権を代表して行使する者を定めることができる。

Q037 著作権には偶然の一致があります。それは、どのようなことですか？

Ⓐ 異なった場所で、偶然に同一の著作物が出てくることはありえます。この場合、２つの著作権が存在することになります。

既存の著作物に接する機会がなく、その存在、内容を知らなかった者は、これを知らなかったことにつき過失があると否とに関わらず、既存の著作物と同一性のある作品を作成しても、これにより著作権の侵害とはならないとされています。音楽や写真などで、時々、問題となることがあります。この場合、依拠性がなければ、類似性があったとしても、それは偶然の一致ということになります。

したがって、たとえ、著作権登録制度に登録していても、商標権や意匠権と異なり、その著作権を排他的に主張しうるものではなく、著作権は、複数、存在することになります。

■**肖像権**

Q038　肖像権とはどのような権利ですか？

A　その人の肖像は、その人を特定できるものですから、個人情報です（個人情報保護法1条）。肖像権には、下記の表の3つの意味があるとされています。この肖像権の中には、彫刻、人形、イラストの利用も含まれます。

撮影拒否権	写真撮影には当人の承諾が必要
利用拒否権	撮影された写真の公表を拒否する権利
パブリシティ権	肖像の利用につき，金銭を請求できる財産的権利

Q039 本人の承諾なしでは、広報誌に肖像を掲載できないということですか？

Ⓐ 会社や学校の近辺の風景を広報で紹介する場合、人が不可避的に入ることがあります。このようなケースでは、偶然に入った人物の肖像が広報で掲載されていても、まずは、問題はありません。隠し撮りではなく、写真を撮影しているのが明確ですから、本人が写されたくなければ、カメラを避けることができるからです。ただし、肖像権に配慮してなるべく顔は避けるべきでしょう。また、本人が公表されることを望まない姿、たとえば路上生活者の老残な姿、転倒した滑稽な姿を撮影し、それを広報誌に掲載すれば、民法710条の人格権（名誉権）の侵害、刑法230条の名誉侵害罪に該当する犯罪となることもあります。

【民法710条】 他人の身体、自由若しくは名誉を侵害した場合又は他人の財産権を侵害した場合のいずれであるかを問わず、前条の規定により損害賠償の責任を負う者は、財産以外の損害に対しても、その賠償をしなければならない。

【刑法230条1項】 公然と事実を摘示し、人の名誉を毀損した者は、その事実の有無にかかわらず、3年以下の懲役若しくは禁錮又は50万円以下の罰金に処する。

Q040 パブリシティ権とはどのような権利ですか？

Ⓐ タレント、スポーツ選手等の有名人の肖像は、本人が明示した意思で拒絶した場合は別にして、パブリックフィギュアとして撮影し、それを私的な場所で表示することは自由です。

しかし、見る者を引き付けるというアピール力があるので、その写真を広く利用し、顧客誘引としての利用、広告として利用しようとする場合には、被写体は、パブリシティ権として財貨を要求する権利があります。無断使用は財産権の侵害となります（民法710条）。

ただ、すべての場合に、財貨を要求する権利が認められるものではありません。平成24年の最高裁判例によると、報道、論評・記述の資料として利用し、専ら顧客誘引ではなく、その論述を補充する意味で利用する場合には、被写体の同意は無用であり、パブリシティ権はないとしています。

パブリシティ権を主張できるか否かの判断基準は、判例では「専ら」顧客誘引を目的とするか否かによるものとしています。

【民法710条】 他人の身体、自由若しくは名誉を侵害した場合又は他人の財産権を侵害した場合のいずれであるかを問わず、前条の規定により損害賠償の責任を負う者は、財産以外の損害に対しても、その賠償をしなければならない。

Q041 パブリシティ権は相続しますか。

Ⓐ 故人には肖像権はなくなりますが、パブリシティ権は財産権なので、相続をします。

しかし、パブリシティ権は財産権の性質をもつので、専ら顧客誘引を目的として利用する場合には、著作権に準じて、没後70年間は、その相続人の了承なくして、広報誌などで使用できないものと解されています（著作権法51条）。

【著作権法51条】

1　著作権の存続期間は、著作物の創作の時に始まる。

2　著作権は、この節に別段の定めがある場合を除き、著作者の死後（共同著作物にあつては、最終に死亡した著作者の死後。次条第1項において同じ。）70年を経過するまでの間、存続する。

Q042 政治家、著名な宗教家、評論家、高級官僚、企業のトップなどが街を歩いている場合、その写真を撮り、広報のトピックとして記事にすることができますか？　有名人やタレントが街を歩いている場合は、どうですか？

Ⓐ　できます。これらの人は、公人（public figure）として社会の関心の的となっている人物であり、これらの地位にある者は、自ら望んでこの地位にある以上、自分の肖像を社会に公表することを認めていると見なされています。

その肖像にはパブリシティ権はなく、写真撮影の推定的承諾があるとされるため、これらの人の動向を広報で伝えることは、その人の名誉を害するようなものでなければ可能です。

タレント、スポーツ選手等の有名人の肖像は、本人が明示した意思で拒絶した場合は別にしてパブリックフィギュアとして撮影し、それを記事にすることはできます。タレント、スポーツ選手等の有名人の肖像は、本人が明示した意思で拒絶した場合は別にして、パブリックフィギュアとして撮影し、それを私的な場所で表示することは自由です。しかし、見る者を引き付けるというアピール力があるので、その写真を広く利用し、顧客誘引としての利用、広告として利用しようとする場合には、被写体は、パブリシティ権として財貨を要求する権利がありま す。ただ、すべての場合に、財貨を要求する権利が認められるものではありません。平成24年の最高裁判例によると、報道、論評・記述の資料として利用し、専ら顧客誘引のためではなく、その論述を補充する意味で利用する場合には、被写体の同意は無用であるとしています。

Q043 ライブ、スタジアムなどでの観衆の姿を撮影することができますか？　祭り、パレードに参加している人を撮影することはできますか？

Ⓐ　できます。人の撮影は、その者の承諾の有無がポイントですが、このような場所で、すべての人の承諾の有無を確かめることは不可能です。人が風景やその他の場所に付随して撮影されるものであるならば明示の承諾がなくとも、自己の姿をさらしている以上は、撮影を認めているとされています。したがって、人のにぎわいを広報に載せるため遠景の撮影は可能です。

しかし、近距離から観客の喜怒哀楽をアップで撮影しようとする場合は、本人の承諾が必要ですし、公表すること同意も必要です。

祭り、パレードについては、Q044の場合と同様な方法で、広報を作成することが必要です。デモについては、個人の信条にも関係する場合があります。この意味で、それに参加し、またその場にいたことを知られたくないというプライバシーにかかわることもあります。

したがって、広報では、撮影拒否権、利用拒否権について、より厳格な配慮が必要となります。

Q044 公表の承諾を得ている写真につき、相当な期間を経過した後、再度、それを使用することができますか？

Ⓐ 公表の承諾は、その広報誌に掲載することを承諾したものであり、再度、別の広報誌に使用する場合は、改めて、その承諾が必要となります。

Q045 故人には肖像権はありますか？

Ⓐ ありません。故人には人格権としての肖像権は消滅しているからです。ただ、その写真には著作権が存在し、その撮影者の同意なくして、その写真の利用はできません。
故人にパブリシティ権がある場合には、その権利の相続人の承諾が必要です。この権利の存続期間につき、法律上の規定はありませんが、著作権の存続期間に準じて、没後70年間、継続するものとされています。

【著作権法51条】
1 著作権の存続期間は、著作物の創作の時に始まる。
2 著作権は、この節に別段の定めがある場合を除き、著作者の死後（共同著作物にあっては、最終に死亡した著作者の死後。次条第一項において同じ。）70年を経過するまでの間、存続する。

Q046 似顔絵、漫画、イラストによる場合、肖像権を侵害したことになりますか?「そっくりさん」は、肖像権の侵害となりますか?

Ⓐ 似顔絵、漫画、イラストを描いた者に、著作権は生じますが、描かれた本人の肖像権が、写真撮影の場合と同様にあるのかということが問題になります。

この場合、写真撮影の場合の法理が、準用されると考えます。

広報でジョークとして、タレントの「そっくりさん」を使用することはできます。わが社の「○○さん」として、紹介することなどです。

これが可能であることとの条件は、だれもが「そっくりさん」であることがわかること、パロディとしてふざけて行っていること、本人が知っても怒らない程度のものであること、です。

もし、「そっくりさん」であることがわからず、タレントの肖像と誤解されるようなものであれば、肖像権やパブリシティ権の侵害となる可能性があります。

一般人の場合	本人の承諾が必要
パブリックフィギュアの場合	原則として無用
タレントの場合	パブリシティ権への配慮が必要

Q047 肖像権を侵害した場合、どのような法的責任が生じますか?

Ⓐ 写真撮影を拒否したのに、撮影を強行し、また、公開を拒否しているにもかかわらず、それを広報に公開したならばその公表行為は、民法710条が規定する不法行為であり、謝罪広告または損害賠償の対象になります。また、刑法が規定する名誉毀損罪に該当します。

しかし、会場内での話し合いの場において、撮影了承がなければ、撮影はできませんが、暴力をふるってきたような場合は、刑法39条1項が規定する緊急避難として撮影することについては、不法行為とはなりません。

【民法710条】 他人の身体、自由若しくは名誉を侵害した場合又は他人の財産権を侵害した場合のいずれであるかを問わず、前条の規定により損害賠償の責任を負う者は、財産以外の損害に対しても、その賠償をしなければならない。

【刑法39条1項】 自己又は他人の生命、身体、自由又は財産に対する現在の危難を避けるため、やむを得ずにした行為は、これによって生じた害が避けようとした害の程度を超えなかった場合に限り、罰しない。ただし、その程度を超えた行為は、情状により、その刑を減軽し、又は免除することができる。

■個人情報、プライバシーの権利、名誉権

Q048 個人情報、プライバシーの権利、名誉権とはどのようなものですか?

Ⓐ 個人情報には、その者の属性を示す特定情報（氏名、住所、職業、年齢等）であり、それには、ベイシック（basic）な個人情報とセンシティブ（sensitive）な個人情報があります。

ベイシックな個人情報とは、氏名、住所、電話番号、職業など通常の社会生活でオープンにされている情報のことをいいます。センシティブな個人情報とは、要配慮個人情報であり、学業成績、年収、家族構成、ローンの額、病歴、前科など特定の個人名と結びついている情報で他者に知られたくない情報のことをいいます。

したがって、個人名がついていない場合には、単なるデータであり、法的に保護される個人情報にはなりません。

個人情報	生存する個人に関する情報
	特定の個人を識別できる情報
プライバシーの権利	私生活上の事実
	誰でも秘密にしておきたい事実
名誉権	侮辱されない権利

Q049 個人情報保護法は、どのようなことを規定していますか？

Ⓐ 個人情報保護法であり、この法律が定める要件にしたがい、取得している個人情報を管理しなければなりません。

個人情報を扱う事業所（ほとんどの事業はこれに該当）は、ベイシック、センシティブを問わずにすべての個人情報の取得・利用について、①本人より取得し、②使用目的外に利用することを禁止し、③他者へ譲渡禁止、④本人からの要請があれば削除し、⑤目的達成後は廃棄することが、原則です

したがって、広報で、個人情報に関係する内容を記述する場合には、ベイシック、センシティブを問わずに①により本人より情報を取得して行うことが必要であり、②により広報の記事に関係することのみに使用するものであり、「その個人情報は他のことでは活用できない」とするのが原則となります。

個人情報保護法の改正が行われ、2017年5月30日、改正法が施行されました。5,000件未満の個人情報を扱う事業所にも、すべて、個人情報保護法は適用されるようになりました。また、NPO、自治会なども、その対象となりました。名簿を作成する場合、必ず、当人の了承が必要となっています。

氏名、住所などに加えて「身体的な特性に関する情報」も個人情報となります。これにより、指紋、声紋、DNA、筆跡、走行の癖なども個人情報の対象となり、利用目的を明らかに

しなければ取得できず、本人の同意なくして第三者への提供は禁止されます。

また、社会的差別の原因となるおそれがある人種、信条、社会的身分などは「要配慮個人情報」として、原則として取得・取扱は禁止されます。

本人の同意がなくとも、情報を特定の個人に結び付かないように企業がデータを加工するならば、「匿名加工情報」として他の企業・団体に提供できることになっています。この場合、匿名の個人を特定するために別に入手しているデータと突き合わせることは禁止しています。

このように改正されたとしても、基本的なことには、変更はありません。

プレゼンで個人情報に関係することを記述する場合、①本人より直接に個人情報を取得して行うことが必要であり、②その個人情報は他のことで活用できない、との原則には変更はありません。

Q050 プライバシー権利侵害とは、どのようなことをいうのですか?

Ⓐ プライバシーとは、私生活の内容（趣味、交際相手、購入品、散歩のルート、愛読書等）で、他者に知られていない事実であって、本人が秘密にしているものです。その秘密にしている事実を知った者が、本人の意思を無視して、公表することがプライバシーの侵害となります。広く知られている周知の事実であるならば、それを広報に記載しても、そのこと自体は、プライバシー侵害とはいえません。この周知の意味は、一般に知られていないことを意味し、特定の仲間内では知られていることであっても、名誉毀損となる場合もあります。センシティブな個人情報は、プライバシーではありませんが、誰でも秘密にしておきたいことですから、それの公表は、不法行為となる可能性があります（民法７０９条、７１０条）。

【民法709条】 故意又は過失によって他人の権利又は法律上保護される利益を侵害した者は、これによって生じた損害を賠償する責任を負う。

【民法710条】 他人の身体、自由若しくは名誉を侵害した場合又は他人の財産権を侵害した場合のいずれであるかを問わず、前条の規定により損害賠償の責任を負う者は、財産以外の損害に対しても、その賠償をしなければならない。

Q051 個人情報やプライバシーに関係するようなことを広報誌に載せる場合、注意すべきことは何ですか？

Ⓐ　プライバシーとは、私生活の内容（趣味、交際相手、購入品、散歩のルート、愛読書等）で、他者に知られていない事実であって、本人が秘密にしているものです。

その秘密にしている事実を知った者が、本人の意思を無視して、公表することがプライバシーの侵害となります（民法７０９条、７１０条）。

広く知られている周知の事実であるならば、それを広報に記載しても、そのこと自体は、プライバシー侵害とはいえません。

この周知の意味は、一般に知られていないことを意味し、特定の仲間内では知られていることであっても、名誉毀損となる場合もあります。

センシティブな個人情報は、プライバシーではありませんが、誰でも秘密にしておきたいことですから、それの公表は、不法行為となる可能性があります（７１０条）。

Q052 故人の個人情報やプライバシーを書く場合、注意すべきことは何ですか？

Ⓐ 個人情報とは、生存する個人に関する情報であり、故人の権利を保障しているものではありません（個人情報保護法2条1項）。したがって、広報で、故人となった者の個人情報、プライバシーを記したり、肖像を表示したりすることについては、問題はありません。ただ、偽りの情報を流し、その者の名誉を害するような場合には、故人であっても名誉毀損となります（刑法230条2項）。私信を公表することについては、著作権は故人にあり、故人の著作権は相続するので、遺族の了承が必要となることがあります。

【個人情報保護法2条1項】 この法律において「個人情報」とは、生存する個人に関する情報であって、次の各号のいずれかに該当するものをいう。

【刑法230条2項】 死者の名誉を毀損した者は、虚偽の事実を摘示することによってした場合でなければ、罰しない。

Q053 人物を批判する場合、言論の自由として認められる範囲はどのようなものですか？

Ⓐ 政治・社会問題などに関することで、一般に関心があるような事柄については、何人もそれを論評する自由を有しています。したがって、それが私生活の暴露や人身攻撃にいたらない限り、意見の表明であるならば、その表現が激烈・辛辣であり、その結果として被論評者の社会的評価が低下するようなものがあっても、名誉毀損とはならないとされています。これを「公正な論評の法理」といい、広報活動にも、この法理は適用されます。たとえば、真実であるとの相当な理由があれば「因縁をつけて金をせびる」「悪質な訴訟ビジネス」「ドロボー」などといった過激な用語で相手を非難しても、名誉毀損とはなりません。したがって、相手を罵倒することも、「公正な論評の法理」により表現の自由として認められています。広報での表現は「公正な論評の法理」によるものではなく、節度ある表現による批判や反論であることが望まれます。

【刑法230条】

1 公然と事実を摘示し、人の名誉を毀損した者は、その事実の有無にかかわらず、3年以下の懲役若しくは禁錮又は50万円以下の罰金に処する。

2 死者の名誉を毀損した者は、虚偽の事実を摘示することによってした場合でなければ、罰しない。

Q054 ネット上の個人情報とプライバシーの漏洩には格別の注意が必要であると言われます。その理由は何ですか？

A 広報で、本人の了承なく、ネット上に、個人情報やプライバシーをアップロードすれば、それらを直ちに削除したとしても、ネット上にそれらが開示されたものですから、何人かにより閲覧され、コピーされている可能性があります。この意味で、権利が侵害されており、短時間なものであっても、違法行為となります（民法709条、710条）。一度、ネットにアップされたものは、削除しても、誰かがコピーしている可能性があります。人権として「忘れられる権利」があるといわれますが、デジタル・タトゥーとなり消すことはできません。

【民法709条】 故意又は過失によって他人の権利又は法律上保護される利益を侵害した者は、これによって生じた損害を賠償する責任を負う。

【民法710条】 他人の身体、自由若しくは名誉を侵害した場合又は他人の財産権を侵害した場合のいずれであるかを問わず、前条の規定により損害賠償の責任を負う者は、財産以外の損害に対しても、その賠償をしなければならない。

Q055 公務員を批判する表現と民間人を批判する表現は、法的に異なる扱いがされますが、それは、どのようなことですか？

A 政治家、公職の候補者、公務員、社会的に影響力が強い者については、その私生活の真実を暴露しても、その公表が公共の利益に関わることであり、その目的が専ら公益を図ることにあったと認められる場合には、事実の真否を判断し、そのことが真実であることの証明があれば、プライバシーを暴いて公表する行為の違法性は阻却されることになっています（刑法230条の2）。この意味で、公的な立場にある者のプライバシーの領域は狭く、その権利は縮小されています。この条規が適用されるのは、公益性があることが条件であり、専ら報道機関に適用される制度です。ただ、一般の事業が行う広報活動は、その目的は私益であるために、刑法230条の2が適用され違法性が阻却されるような表現行為ではなく、ネガティブキャンペーンとなるような私事についての人物評を行うことについては慎重であるべきです。

【刑法230条の2】

1　前条第1項の行為が公共の利害に関する事実に係り、かつ、その目的が専ら公益を図ることにあったと認める場合には、事実の真否を判断し、真実であることの証明があったときは、これを罰しない。

Q056 社会的影響力のある人物評について、どうですか?

Ⓐ 実業界、宗教界、教育界、芸能界など、その分野で指導的役割を有している人物は、一般人と異なり、プライバシーの範囲はせまいとされています。したがって、真実であれば、報道機関は、私事について批判的な記事を書くことはできます。しかし、広報は、私益を目的として行う活動である故に、Q055に記した様に、違法性は阻却されるものではなく、私事にわたる人物評については、慎重であるべきでしょう。

【刑法230条の2】

1 前条第1項の行為が公共の利害に関する事実に係り、かつ、その目的が専ら公益を図ることにあったと認める場合には、事実の真否を判断し、真実であることの証明があったときは、これを罰しない。

2 前項の規定の適用については、公訴が提起されるに至っていない人の犯罪行為に関する事実は、公共の利害に関する事実とみなす。

3 前条第一項の行為が公務員又は公選による公務員の候補者に関する事実に係る場合には、事実の真否を判断し、真実であることの証明があったときは、これを罰しない。

Q057 「これは人の噂であるから真偽は別にして」とその人物のよからぬ風評があることを記述することは、名誉毀損に該当しますか?

Ⓐ 噂であっても、その人の名誉を害する行為を行っているので、広報で、そのような噂があると根拠のない風評を書けば、それは名誉毀損罪に該当します。

【刑法230条】

1 公然と事実を摘示し、人の名誉を毀損した者は、その事実の有無にかかわらず、3年以下の懲役若しくは禁錮又は50万円以下の罰金に処する。

2 死者の名誉を毀損した者は、虚偽の事実を摘示することによってした場合でなければ、罰しない。

■信用毀損、業務妨害、営業誹謗行為、不当表示とされる表現

Q058 広報誌で、ライバル会社の信用を害するような表現は犯罪であると聞きましたが、それはどのような表現ですか？

A 信用毀損罪という犯罪があります。信用毀損罪の規定する信用とは、その会社の経済的な支払い能力または支払い意思に対する社会的評価のことをいい、これを害することは犯罪になります。したがって、「約束を守らない不誠実な会社」「時代の変化に対応できない無能な経営者」などという表現も人の信用に関係することですが、これは信用毀損罪には該当せず、名誉毀損罪や不法行為の問題となります。あの会社は「資金繰りが苦しく、不渡り手形を出しそうである」というような事実無根の情報を流すことです。また、販売されている商品の品質やサービスに対する信用を毀損する表現も含まれます。たとえば、「すぐに壊れる」とか、「時間どおりに配達をしない」などの風説を流すことが刑法233条の信用毀損罪に該当する行為です。

【刑法233条】 虚偽の風説を流布し、又は偽計を用いて、人の信用を毀損し、又はその業務を妨害した者は、3年以下の懲役又は50万円以下の罰金に処する。

Q059　この場合、現実に信用が害されなければ、犯罪とならないのですか？

Ⓐ　デマを流すことだけで、犯罪は、成立します。

この信用毀損罪（刑法233条）の特色は、現実に信用を毀損するおそれのある表現行為を行えば、それをもって、犯罪は成立するという抽象的危険罪の性質をもつものとされています。

また、この行為は、当然、民法上の不法行為（民法710条）であり、損害賠償の対象となります。

【民法710条】　他人の身体、自由若しくは名誉を侵害した場合又は他人の財産権を侵害した場合のいずれであるかを問わず、前条の規定により損害賠償の責任を負う者は、財産以外の損害に対しても、その賠償をしなければならない。

【刑法233条】　信用毀損及び業務妨害罪

虚偽の風説を流布し、又は偽計を用いて、人の信用を毀損し、又はその業務を妨害した者は、3年以下の懲役又は50万円以下の罰金に処する。

Q060 信用毀損罪の「虚偽の風説」とは、どのようなことをいうのですか?

Ⓐ 刑法233条が規定する「虚偽の風説」とは、たとえば確実な資料・根拠なくして「あの会社は倒産寸前である」というようなデマを流すことです。

その場合、どの程度の規模で流布すれば、それが違法となるのかにつき、少数の者に虚偽事実を告知したとしても、その者から、順次、多数の人に伝播されるおそれがあるため、風説を流布したことになります。

ネットでの書き込みも、これに該当します。また、このような行為は、不法行為であり民事責任も追及できます

特に、説明会、懇談会、記者会見では、その発言には注意が必要です。

【民法710条】 他人の身体、自由若しくは名誉を侵害した場合又は他人の財産権を侵害した場合のいずれであるかを問わず、前条の規定により損害賠償の責任を負う者は、財産以外の損害に対しても、その賠償をしなければならない。

Q061 信用毀損罪での「偽計を用いて」人の信用を害するとは、どのようなことをいうのですか？

Ⓐ 「偽計」を用いるとは、たとえば、同業者の広報誌と見誤るような体裁の「にせ広報誌」を発行したり、商品の欠陥を指摘する事実無根の情報を監督官庁に伝達するなどして業務を妨害することが、これに該当します。

【刑法233条】 虚偽の風説を流布し、又は偽計を用いて、人の信用を毀損し、又はその業務を妨害した者は、３年以下の懲役又は50万円以下の罰金に処する。

Q062 広報で、ライバル会社の業務を妨害するような表現を行うことはできませんが、これ以外、たとえばＮＰＯに対しても、この原則は適用されるのですか？

Ⓐ 適用されます。業務妨害罪の規定する業務の妨害とは、ひろく職業その他継続して従事することを要する事務または事業の遂行を妨害することをいいます。したがって、ＮＰＯ、宗教団体、学校、労働組合、個人が行う業務を風説を流布し、または偽計を用いて業務の遂行を妨害すれば違法行為となります。

【刑法233条】 虚偽の風説を流布し、又は偽計を用いて、人の信用を毀損し、又はその業務を妨害した者は、３年以下の懲役又は50万円以下の罰金に処する。

Q063 この場合、現実に業務が妨害されることがなければ、犯罪とならないのですか？

Ⓐ 業務妨害罪は、信用毀損罪と同様に、人の業務の執行またはその経営に対して妨害を加えれば、犯罪は成立したとみなします（刑法233条）。したがって、妨害の結果が生じることを要しないために、ヘアーデザイナーを解雇させようとして、技術拙劣だから解雇すべき旨の親書を顧客名義で送ったような場合、それだけで同罪が成立するということもあります。

また、業務妨害は、当然のこととして、民法上の不法行為（民法709条、710条）となり損害賠償の対象となります。

【刑法233条】 虚偽の風説を流布し、又は偽計を用いて、人の信用を毀損し、又はその業務を妨害した者は、3年以下の懲役又は50万円以下の罰金に処する。

【民法709条】 故意又は過失によって他人の権利又は法律上保護される利益を侵害した者は、これによって生じた損害を賠償する責任を負う。

【民法710条】 他人の身体、自由若しくは名誉を侵害した場合又は他人の財産権を侵害した場合のいずれであるかを問わず、前条の規定により損害賠償の責任を負う者は、財産以外の損害に対しても、その賠償をしなければならない。

Q064 競合関係にある会社については、信用毀損・業務妨害罪以外に、営業誹謗行為として、犯罪になる行為があるといいますが、それはどのような行為ですか？

Ⓐ 競合関係にある事業者相互間（同種の事業）の公正な競争を確保するために、不正競争防止法があります。

この法律によると、競合関係にある他社の営業上の信用を害する虚偽の事実を告知し、流布する行為があった場合、そのデマの差止を裁判所に請求できます。

この請求は、刑事責任、民事責任の場合と異なり、行為者の故意・過失を要件としません。

営業誹謗の事実があれば、直ちに、裁判所に対して、その行為の中止を求める差止請求権が認められます（不正競争防止法3条）。

【不正競争防止法3条】 不正競争によって営業上の利益を侵害され、又は侵害されるおそれがある者は、その営業上の利益を侵害する者又は侵害するおそれがある者に対し、その侵害の停止又は予防を請求することができる。

信用毀損・業務妨害罪	表現行為を行った全ての者	判決により決定
営業誹謗行為	同種の事業者のみが対象	即時決定

Q065 内部文書であっても営業誹謗行為となることがありますか?

Ⓐ その文書の内容が、その主要な部分において概ね真実であり虚偽とはいえず、参加の販売組織に限定して配布されたものであり、その配布行為が目的および態様において自由競争の範囲内の行為といえる場合には不正競争とはいえない、とする判例があります。

このことは、逆にいえば、その主要な部分において真実である場合には、営業誹謗行為となる場合があるということになります。

【不正競争防止法3条】 不正競争によって営業上の利益を侵害され、又は侵害されるおそれがある者は、その営業上の利益を侵害する者又は侵害するおそれがある者に対し、その侵害の停止又は予防を請求することができる。

Q066 他者の製品と自社の製品との性能の比較やサービスの優劣の比較を行う場合、法的に注意しなければならないことはありますか？

Ⓐ　あります。広報活動は、広告・宣伝とは異なりますが、情報の受け手にとっては、その効果は同じようなものです。

消費者保護の見地より、不当表示として違法となる比較広告があります。それは、自社の最新鋭機器と他社の旧型機器との比較を行い、自社製品の性能の優位性をアピールするような比較の仕方は公平ではなく、不当景品類及び不当表示防止法4条1号で禁止されています。

【不当表示防止法4条1号】　事業者は、自己の供給する商品又は役務の取引について、次の各号のいずれかに該当する表示をしてはならない。

1　商品又は役務の品質、規格その他の内容について、一般消費者に対し、実際のものよりも著しく優良であると示し、又は事実に相違して当該事業者と同種若しくは類似の商品若しくは役務を供給している他の事業者に係るものよりも著しく優良であると示す表示であって、不当に顧客を誘引し、一般消費者による自主的かつ合理的な選択を阻害するおそれがあると認められるもの。

Q067 販売計画などにつき、広報を行う場合に注意すべきことはありますか？

Ⓐ　おとり広告は違法とされています。たとえば、顧客に対する広報誌に、安価な商品を販売するとか、その商品は用意されていないとか、用意されていてもその数が著しく少ないとか、事前に通知したことを訂正せずに顧客を呼び込む行為は不当景品類及び不当表示防止法5条3号で禁止されています。

【不当表示防止法5条3号】

3　前2号に掲げるもののほか、商品又は役務の取引に関する事項について一般消費者に誤認されるおそれがある表示であって、不当に顧客を誘引し、一般消費者による自主的かつ合理的な選択を阻害するおそれがあると認めて内閣総理大臣が指定するもの。

お買い得の商品を用意しています。 是非，お越しください。	その商品を置いていない。
今季，最大限の品数を用意しています。是非，お越し下さい。	少数の商品しか用意していない。
広報誌で紹介した製品には，実は欠陥がありました。	他の商品を販売する。

Part3

リサーチの法務

■取材活動

Q068 広報誌を作成するにつき取材活動は不可欠な作業ですが、取材活動の法的性質は、どのようなものですか？

A 広報は、表現行為であり、人にインタビューをしたり、事実関係を知るために行う調査活動などの取材行為は憲法21条1項が保障する、知る自由や知る権利に法的根拠があります。したがって、他者の権利（法律上守られている権利）を侵害しない限り、自由に行える行為です。

【憲法21条1項】 集会、結社及び言論、出版その他一切の表現の自由は、これを保障する。

Q069 取材したものを他人に譲渡したり、売ることはできますか？

Ⓐ その内容により、決まります。その文章、画像などが、すべて純然たるその者の著作物である場合には、その著作権者の財産ですから自由に処理できます。しかし、企業の活動として行ったものは、取材のための様々な資源（施設利用、研究調査費、スタッフの給与など）を利用して作成されたものですから、著作権法15条により法人著作物であり、個人が自由に処分できるものではありません。

【著作権法15条】

1 法人その他使用者（以下この条に置いて「法人等」という。）の発意に基づきその法人等の業務に従事する者が職務上作成する著作物（プログラムの著作物を除く。）で、その法人等が自己の著作の名義の下に公表するものの著作者は、その作成の時における契約、勤務規則その他に別段の定めがない限り、その法人等とする。

2 法人等の発意に基づきその法人等の業務に従事する者が職務上作成するプログラムの著作物の著作者は、その作成の時における契約、勤務規則その他に別段の定めがない限り、その法人等とする。

Q070 広報に書いた情報が誰に取材したかにつき、外部の者より問い合わせがあった場合、それを教えることはできますか？

A 情報は、個人間の信頼関係により取得するものが多くあります。ひろく社会に知られている事実などは、それを情報として教えることには問題はありません。取材源を秘匿することを前提にしている情報は、それを開示すれば、刑法２３０条の名誉毀損罪に該当する行為であり、民法７１０条の不法行為となります。

【刑法230条】 公然と事実を摘示し、人の名誉を毀損した者は、その事実の有無にかかわらず3年以下の懲役若しくは禁錮又は50万円以下の罰金に処する。

【民法710条】 他人の身体、自由若しくは名誉を侵害した場合又は他人の財産権を侵害した場合のいずれであるかを問わず、前条の規定により損害賠償の責任を負う者は、財産以外の損害に対しても、その賠償をしなければならない。

Q071 警察や裁判所が、捜査や裁判の関係で、収集した資料の提出を求めてきた場合、どうすればよいのですか？

Ⓐ 刑事事件に関係する場合、刑事訴訟法99条1項、106条の手続を踏み、捜査に関して差押状、裁判に関しては提出命令が出されたような場合には、それに従うことになります。捜査の過程において、警察より任意の閲覧やコピーの提出が求められた場合には、それに応じる法的義務はありませんが、社会の構成員として犯罪者の摘発に協力することは市民の責務であり、開示することに著しい不都合がない限り協力するべきでしょう。

【刑事訴訟法99条1項】 裁判所は、必要があるときは、証拠物又は没収すべき物と思料するものを差し押えることができる。但し、特別の定のある場合は、この限りでない。

【刑事訴訟法106条】 公判廷外における差押え、記録命令付差押え又は捜索は、差押状、記録命令付差押状又は捜索状を発してこれをしなければならない。

Q072 インタビューで話した内容を、編集の都合により量的に減らす時、法的に注意すべきことは、どのようなことですか?

A インタビューが映像を伴うものか、活字によるものであるのかにより、その扱いは微妙に異なります。ビデオの場合は、肖像権に関係し、撮影された映像の利用拒否権がありますから、カットする場合には事前にその旨を伝えておくことが望まれます。無断で行った場合、相手から民法710条の不法行為責任を追及されるなどトラブルに巻き込まれる可能性があります。文章の場合には、相手の話を要約して記述することもあり、一言一句変更できないというものでもないので、相手が語ったことの主旨に反しない限り、不法行為とはならないでしょう。トラブルがないように、広報では、話をした内容につき、事前に、活字にしたものを相手方に見せるのが通例です。

【民法710条】 他人の身体、自由若しくは名誉を侵害した場合又は他人の財産権を侵害した場合のいずれであるかを問わず、前条の規定により損害賠償の責任を負う者は、財産以外の損害に対しても、その賠償をしなければならない。

Q073 インタビューの内容につき、変更を求めてきた場合、必ずそれに応ずることが必要ですか?

A だれでも誤解をし、言い間違いはあるのですから、訂正には応ずるべきです。しかし、重大事に関して「言質」をとったような発言は、事の重大性を十分に認識しての相手方の発言ですから、その取消を求めてきても、それに応じる必要はないでしょう。

Q074 取材を拒否されたが、粘り強く面会を求めることにつき、法的に注意すべきことは何ですか?

Ⓐ 取材活動は、本人との良好な関係があることが前提でスムーズになしうるものであり、嫌われたら何の成果もあげられないでしょうから、慎むべきです。

路上でつきまとう行為（軽犯罪法1条28号）、家に押しかけて出ていかない行為（不退去罪・刑法130条）、暴言をはき相手を威嚇する行為（脅迫罪・刑法222条）は、違法となる取材行為です。

メールによる場合は、その者からの受信拒否を設定すれば問題はないのですが、電話による呼び出しには、それ以外からのコールもあるので、その電話に出ないわけにはいきません。

再三にわたる呼び出し、長時間にわたる会話の強制、無言電話など、正当な業務に支障をきたす程度にいたれば、刑法234条の威力業務妨害罪が適用されます。

Q075 取材のため盗撮や盗聴をしたような場合、どのような法律に違反しますか？

Ⓐ 違法なリサーチとなる行為は、通信の秘密を侵害する行為と盗聴です。

他者あての信書を、了承なく開封すること、また隠匿することは、通信の秘密を侵害する行為であり、それは信書開封罪、信書隠匿罪となります（刑法１３３条、２６３条。）

盗聴器の設置は、住居侵入罪、プライバシーの侵害です（刑法１３０条、民法７０９条、７１０条）。

【刑法130条】 正当な理由がないのに、人の住居若しくは人の看守する邸宅、建造物若しくは艦船に侵入し、又は要求を受けたにもかかわらずこれらの場所から退去しなかった者は、３年以下の懲役又は10万円以下の罰金に処する。

【刑法133条】 正当な理由がないのに、封をしてある信書を開けた者は、１年以下の懲役又は20万円以下の罰金に処する。

【刑法263条】 他人の信書を隠匿した者は、６月以下の懲役若しくは禁錮又は10万円以下の罰金若しくは科料に処する。

Q076 通信の傍受は、違法行為ですか？

Ⓐ 違法行為となります。

電話・無線の盗聴、ＰＣのハッキングは、通信の秘密への侵害となります（憲法21条２項、電気通信事業法４条１項、電波法59条、不正アクセス行為の禁止等に関する法律３条１項）。

電波法では、その会話の存在と内容を人に漏らし、それを利用することを違法としています。単に傍受しているだけであるならば、それは盗聴ではなく犯罪ではないとする見解もありますが、なんらかの形でそれを利用することになるでしょうから、傍受も違法行為とされています。

【憲法21条２項】 検閲は、これをしてはならない。通信の秘密は、これを侵してはならない。

【電波法59条】 何人も法律に別段の定めがある場合を除くほか、特定の相手方に対して行われる無線通信（電気通信事業法第四条第一項又は第１６４条第３項の通信であるものを除く。第１０９条並びに第１０９条の２第２項及び第３項において同じ。）を傍受してその存在若しくは内容を漏らし、又はこれを窃用してはならない。

Q077 企業秘密を得ようとすると、どのような法律に違反しますか？

Ⓐ 不正競争防止法は、産業スパイを犯罪としています。

企業秘密として不正競争防止法が規定するものは、左の上の図の3要件をみたしている情報です。顧客情報、技術情報（開発中の設計図面・部品製造スペック・ブラックボックス等）などが、それであり、これらを違法に取得し利用する行為は、違法なリサーチであり、産業スパイになる行為です。

これらの行為を行う者に対して、利用行為の差止め請求（3条）、損害賠償請求（4条＝それによって得た利益の賠償請求）ができ、罰則が加えられているものもあります（21条）。

これらの行為を行う者に対して、利用行為の差止め請求（3条）、損害賠償請求（4条＝それによって得た利益の賠償請求）ができ、罰則が加えられているものもあります（21条）。

秘密管理性	企業が秘密として管理しているもの
有用性	企業活動に有用であるもの
非公知性	公然と知られていないもの

不正競争防止法が規定する不正利用行為

不正取得者の不正利用行為	・窃取・詐欺・強迫その他不正な手段で営業秘密を取得し，それを利用する行為
正当取得者の不正利用行為	・元従業員や委託事業者による企業秘密の売却・利用する行為
悪意重過失転職者の不正利用行為	・従業員が不法に持ち出した企業秘密を利用する行為 ・不法に持ち出されたことが十分に予想される企業秘密を利用する行為
事後的悪意重過失者の不正利用行為	・不正取得されていたことを調べないでその企業秘密の利用 ・不正に利用されていることを調べないで企業秘密を利用する行為

■調査活動

Q078 アンケートをとるため、住民の住所をどのように調べればよいのですか?

Ⓐ 顧客に対して、その住所への配信を了解してもらう、ということが原則です。

数年前までは、住民基本台帳法は、本人の了承なく、個人情報(氏名、性別、年齢、住所)の閲覧を認めていました。

したがって、数年前まではマーケティングやアンケート調査などの営利目的でも可能でしたが、現在では閲覧の目的が、公益性のある世論調査・学術研究に限定されていて、営業目的の閲覧は認められません(住民基本台帳法11条1項、3項)。

閲覧をする場合、利用目的の明記、調査結果の公表が必要であるので、虚偽の目的での調査はできません。

不正閲覧、目的外利用がある場合には、それは違法なリサーチとなり、6月以下、30万円以下の罰金となっています。

Q079 アンケートをとる場合、注意すべきことは、何ですか？

Ⓐ 街頭面接、電話、郵便、顧客訪問、オンラインなど、どのような形式であれ、個人情報に関係するデータが含まれている場合は、個人情報保護法16条の規律を受けるものであり、その個人情報の目的外使用はできません。

あくまでも、データの収集のためにカウントすることを前提とし収集した個人情報であるからです。

ただ、目的外利用を明記している場合、たとえば「入力いただいた情報は、当社新製品のご案内のために使用させていただきます」という記述がある場合には、新製品案内のカタログ送付に利用はできます。

しかし「今後、サービス、製品の品質の向上のために使用させていただきます」というような抽象的な表現では、使用目的を限定しているとはいえないので、カタログ送付した場合、送付されることを予想していなかったといって、クレームが出てくる可能性があります。

Q080 アンケートで得た個人情報を、別の業者に渡し、その利用をさせることはできますか？

Ⓐ 原則本人の同意を得ずして第三者に、個人情報を渡すことは出来ません。ただ、個人情報保護法では、データの整理、商品の配送のためには、データの利用を認めている場合があります。その場合、委託先への監督責任があります（個人情報保護法22条）。

【個人情報保護法22条】 個人情報取扱事業者は、個人データの取扱いの全部又は一部を委託する場合は、その取扱いを委託された個人データの安全管理が図られるよう、委託を受けた者に対する必要かつ適切な監督を行わなければならない。

データベース化を委託	委託先への監督義務
配送業務を委託	委託先への監督義務

Q081 アンケートで得た個人情報は、そのまま、いつまでも、利用できるものですか？

Ⓐ そのアンケートで得た個人名、住所などの個人情報は、そのアンケートのための情報であり、他の目的のために使用することは認めていません。

ただ、必要がなくなった個人情報につき、個人情報保護法は、その廃棄を義務づける規定を置いていません。

そのまま保存していても、法律違反とはなりませんが、利用目的を達成した後に、その目的以外に利用することはできないので、そのまま保持していても、何の意味もありません。

したがって、アンケートにより得た不要となった個人情報は、漏洩の危険性を排除するためにも、廃棄した方がよいといわれています。

Q082 合併や営業権譲渡等により、合併された事業者が有していたアンケートなどによる個人情報などのデータベースは、新規事業ではそのまま利用できますか？

Ⓐ 個人情報保護法23条の禁止する個人情報の第三者提供には該当せず、利用できます。合併などにより事業が継承される場合、その新規事業は第三者ではなく、顧客リストはその承継財産として活用できます（個人情報保護法16条2項）。ただし、譲渡される前の利用目的の範囲内で使用することが必要で、その会社への懸賞応募、就職の履歴書情報などを顧客名簿に織り込むことなどはできません。

【個人情報保護法16条2項】 個人情報取扱事業者は、合併その他の事由により他の個人情報取扱事業者から事業を承継することに伴って個人情報を取得した場合は、あらかじめ本人の同意を得ないで、承継前における当該個人情報の利用目的の達成に必要な範囲を超えて、当該個人情報を取り扱ってはならない。

Q083 利用目的を変更すること、たとえばカタログ・ショップの送付先に対して、新製品の案内状を送ることはできますか？

Ⓐ 個人情報保護法15条2項により利用目的を特定して個人情報を取得した後に、利用目的の変更が必要になった場合、それが変更前の利用目的と相当の関連性を有すると合理的に認められる範囲であれば、本人の同意を得ることなくそのまま利用できます。商品の情報を得るために個人情報の使用を事業者に認めたものですから、新製品の紹介も相当な関連性があると解されるので、認められるものといえます。認められないのは、たとえば、求人案内に利用するようなことです。

【個人情報保護法15条2項】

1 個人情報取扱事業者は、個人情報を取り扱うに当たっては、その利用の目的（以下「利用目的」という。）をできる限り特定しなければならない。

2 個人情報取扱事業者は、利用目的を変更する場合には、変更前の利用目的と関連性を有すると合理的に認められる範囲を超えて行ってはならない。

Q084 いったん取得した個人情報は、そのまま、いつまでも利用できますか？

Ⓐ 個人情報保護法16条1項は、利用目的の達成に必要な範囲を超えての個人情報の取り扱いを禁止しています。したがって、取得した個人情報は、その目的を達成し、保存の必要がなくなれば、すみやかに消去することが必要です。たとえば、求人に応募した者の履歴書、懸賞応募者リストなどがそれで、所定の業務が終われば消去することが必要です。

【個人情報保護法16条1項】 個人情報取扱事業者は、あらかじめ本人の同意を得ないで、前条の規定により特定された利用目的の達成に必要な範囲を超えて、個人情報を取り扱ってはならない。

Q085 アンケートで答えてくれた製品の購入の理由、好みの色彩・形・価格への評価などにつき、PR誌に、匿名ならば公表できますか?

Ⓐ 製品購入の理由、好みの色彩・形、価格への評価、今後の製品への希望など、アンケートに答えた個人の感想は、私生活に関する事柄であり、プライバシーです。

したがって、本人の了承なくして、人名（容易に本人であることが推測できる表記を含む）を付けての開示は、プライバシーの侵害となります。

また、A市にあるB町のCさんと、イニシャルで表記しても、全国では特定不能でしょうが、その地域の居住者には特定の人に結び付くことができるものであれば、その人のアンケート結果を紹介することは、プライバシーの侵害となります（民法710条）。

【民法710条】 他人の身体、自由若しくは名誉を侵害した場合又は他人の財産権を侵害した場合のいずれであるかを問わず、前条の規定により損害賠償の責任を負う者は、財産以外の損害に対しても、その賠償をしなければならない。

Q086 アンケートの記入欄にある文章につき著作権はありますか?

Ⓐ アンケート記入欄にある文章に、思想や感情を創作的に表現し、文芸、学術、美術または音楽の範囲に属するものであれば(著作権法2条1号)、その文章の著者には著作権があります。

ただ、単に「気にいった」「美しい」製品などという表現は創作的といえず、アンケートの文章は文芸、学術に属するものとはいえないので、一般的には、著作権は生じません。ただし、短文であっても、俳句の5・7・5の文章が世界最少の語で表現する詩として評価されるように、創作的な文芸作品となりうるものもありえます。

したがって、一般的にいえることは、アンケートの文章を広報誌などに記載することに著作権上の問題はありませんが、人名を表記すれば、個人情報の目的外使用となり、私生活にわたることが書かれている場合にはプライバシーの侵害となるので、本人の格別の了承が必要となるということです。

【著作権法2条1号】 著作物 思想又は感情を創作的に表現したものであって、文芸、学術、美術又は音楽の範囲に属するものをいう。

Q087 国・自治体が保有する情報につき、開示を求めることができます。どのような情報の開示を求めることができますか？

Ⓐ 国や自治体の行政機関が作成し保有する公文書は、所定の手続に則り、開示を求めることができます。

ただし、情報公開法5条により不開示情報とされるもの（個人情報、国の安全保障に関する情報、犯罪捜査中の情報、公的機関の内部・相互間における検討審議中の事項など）は除外されます。

開示請求に係わる公文書に、原則として個人に関する情報（事業を営む個人の当該事業に関する情報を除く）が含まれる場合には、その部分については黒塗りとなります。この個人には、運用上、死者も含まれています。

Part4

ブランドマネジメントの法務

■商標法

Q088 自社のブランドの価値を維持することは、法務に携わる者にとって重要な業務です。それに関係する法律は何ですか？

Ⓐ 自社のシンボルを守る商標法、製造業であるならば製品のデザインを守る意匠法、そして自社への社会の評価を守る不正競争防止法です。

【不正競争防止法1条】 この法律は、事業者間の公正な競争及びこれに関する国際約束の的確な実施を確保するため、不正競争の防止及び不正競争に係る損害賠償に関する措置等を講じ、もって国民経済の健全な発展に寄与することを目的とする。

Q089 商標は登録すると、何年間、効力を有しますか？

Ⓐ 商標は登録することにより、自社のシンボルとなり、類似した商標を作ることは禁止されます。

この制度は、消費者の製品を選択する権利に対応する意義をもつものであり、消費者にとっても、有意義な制度です。消費者は、そのマークのついている商品は、信用できるものとして購入することができるからです。

商標は、登録することにより、10年間、そのマークを独占的に利用できます。他社は、同一・類似するマークを作成する表現の自由は、強度に規制をうけることになりますが、これら規制は、消費者保護のためのものであり、合理性があるものとされています。

Q090 商標は、売ることができますか？　商標の横にⓇという記号がありますが、あれは、何を意味するマークですか？

Ⓐ　商標は売買可能です。売ることを目的に、多くの商標を登録する例が、時折、見られます。先願主義を悪用するものですが（商標法8条1項）、その商標を使用するために、多額の費用をかけて買い取るということもあり得ます。

【商標法8条1項】　同一又は類似の商品又は役務について使用をする同一又は類似の商標について異なつた日に二以上の商標登録出願があつたときは、最先の商標登録出願人のみがその商標について商標登録を受けることができる。

Ⓡとは、Registered Trade Mark の略であり、登録商標であることを表しています。商標登録表示の正式な方法は、商標法18条1項による商標広報に掲載された登録番号の数字を記すことですが、Ⓡだけであっても、かまわないとされています。

【商標法18条1項】　商標権は、設定の登録により発生する。

Q091 商標法は、マークなどの表現物が通例ですが、音や色も、登録できるようになりました。それは、どのようなことですか?

Ⓐ 商標法は、マークなど表現物が通例ですが、法律改正により、音と色も、商標として登録することができるようになりました。音については、パソコンを開くときの音楽、店のドアを開けるときの音楽などであり、色については、看板、包装紙などの配色の順列やグラデーションなどです。

【商標法5条2項3号、4号】 次に掲げる商標について商標登録を受けようとするときは、その旨を願書に記載しなければならない。

3 色彩のみからなる商標(第1号に掲げるものを除く。)

4 音からなる商標

Q092 商標が模倣された時、著作権の侵害の主張ができるといいます。それは、どのような事ですか？

Ⓐ 商標法により登録することにより、そのマークは独占的に利用できます。これは、国内に保証されたものであり、海外に類似した商標があっても、その排斥はできません。海外でも商標を保護しようとする場合には、マドリッド協定による国際登録をすることが、必要になります。

しかし、国際登録をしていなくとも、たとえばロゴやキャラクターなど独創性があるマークや画像については、ベルヌ条約により、加盟国の法によって著作権は保護されるとの規定にしたがい、類似しているとして著作権の侵害を主張できます。以前、東京五輪のエンブレムがベルギーの劇場のエンブレムと類似しているとして、著作権侵害として問題となった事例がありました。結果として、そのエンブレム使用の中止が決定されましたが、単純なマークの組み合わせによるエンブレムやロゴは、どうしても似てきてしまいます。そこで、人の創作活動を大きく制約されないように著作物の権利の幅を狭くする「薄い著作権の理論」という考え方により、ロゴやエンブレムの著作権の意味を、緩やかに、とらえようという傾向にあり、商標のデザインにつき著作権の侵害の主張は困難であるともいわれています。

Q093 商標権の侵害には、類似するものを禁止する3つのものがあります。それらは、外観類似、呼称類似、観念類似です。どのようなものですか？

A 商標権の侵害は、同一のものマネを禁止するものですが、それ以外に、類似しているものであっても、権利の侵害となることがあります。つまり、外観類似（字づら面・デザインの類似）、呼称類似（聞き間違いやすい類似）、観念類似（意味が類似していて区別困難）しているものは、完全に同じものではなくとも、それは商標権の侵害となります。

外観類似	○○○工業　⇒　○○○工業
呼称類似	ペンギン社　⇒　ヘンキン社
観念類似	春のそよ風　⇒　春のそよかぜ

Q094 国旗や国章、国連などの国際機関の記章などを組み込んだ商標を登録できますか？

A できません。商標法4条によると、これらのものを商標として利用することを禁止しています（商標法4条1号）。その他、赤十字のマーク、政府などの監督・証明用の印象や記号、公益事業の著名な標章など、公的なものを商標として利用することは禁止されています。

【商標法4条1号】 国旗、菊花紋章、勲章、褒章又は外国の国旗と同一又は類似の商標

■意匠法

Q095　意匠法は、製品のデザインを登録する法律です。登録すると、何年間、効力を有しますか？

Ⓐ　意匠登録すると、出願日より25年間、その製品のデザインは保護され、類似のデザインは認められません。

登録の要件は、工業上利用できること、新規性があること、容易に創作できる意匠でないこと、公序良俗に反する意匠でないこと、です。

ただ、他者の製品を模倣・コピーして販売することは、意匠法による登録がされていなくとも、Q096にあるように、不正競争防止法により販売は禁止されます。

【意匠法21条1項】　意匠権の存続期間は、設定の登録の日から20年をもって終了する。

Q096 人気製品を模倣・コピーして売り出すと、意匠法による登録がなくとも、不正競争防止法により禁止されるといいます。このことの意味は？

Ⓐ 製品を模倣・コピーして販売することは、できません。他社の製品の形態をまねることは、意匠法の登録がなくとも、形態模倣行為として、販売が禁止されます。

ただし、発売後3年を経過すれば、意匠法で登録していなければ、その製品と同じようなものを扱っても違法とはなりません（不正競争防止法2条1項3号）。

これによって得た利益の賠償請求ができ、罰則が加えられているものもあります（21条）。

【不正競争防止法2条1項3号】 この法律において「不正競争」とは、次に掲げるものをいう。

3 他人の商品の形態（当該商品の機能を確保するために不可欠な形態を除く。）を模倣した商品を譲渡し、貸し渡し、譲渡若しくは貸渡しのために展示し、輸出し、又は輸入する行為。

【不正競争防止法19条1項5号】

日本国内において最初に販売された日から起算して3年を経過した商品について、その商品の形態を模倣した商品を譲渡し、貸し渡し、譲渡若しくは貸渡しのために展示し、輸出し、又は輸入する行為。

■不正競争防止法

Q097 ブランドマネジメントは、守りの広報として、不正競争防止法により常に目を光らせておくことが必要です。このことの意味は？

Ⓐ 有名ブランドを利用して、いかにもそのブランドと連携しているように誤解させる広報活動を行い、自己の商品や役務の売り込みを図ることは、商標のただ乗り（free ride）であり、違法です。

そのブランドを壁面に飾り、いかにもそのブランドと提携しているように偽装して営業をする行為などは、違法です（不正競争防止法2条1項1号）。

また、ブランド、ヒット商品や有名商品の模倣は、営業主体混同惹起行為であり、商標、標章、商品の容器、包装の類似しているものを作製し、それらの販売は禁止されています（不正競争防止法2条1項1号）。

これら模倣行為などにより営業上の利益を侵害され、またそのおそれがある者は、侵害の行為を組成した物の廃棄を、請求できます。このことにより、市場より模倣品を排斥できます（不正競争防止法3条1項、2項）。

Q098 自社の商標が、たとえ業種が異なっても、他者に使用されると、企業のイメージが低下させられます。どのようなイメージの低下が予想されますか？

Ⓐ 他社の著名ブランドを使用する行為は、Q097の誤認・混同を引き起こす著名な商標等のただ乗りの場合以外にも、あります。

たとえば、著名アパレルメーカーのブランド名を、風俗店など店名に使用することは、ブランド名の汚染（pollution）を引き起こすものであり、著名表示冒用行為として、そのブランド名の使用の禁止を求めることができます。

また、飲食店が有名ブランド名を店名にすること、IT企業名を自転車の商品名にすることは、その有名ブランドの価値を低下させる希釈化（dilution）させるものであり、著名表示冒用行為として、そのブランド名の使用禁止を求めることができます。

また、その著名表示と類似する名称の製品の制作・サービスの提供の禁止を求めることもできます（不正競争防止法2条1項2号）

【不正競争防止法2条1項2号】 自己の商品等表示として他人の著名な商品等表示と同一若しくは類似のものを使用し、又はその商品等表示を使用した商品を譲渡し、引き渡し、譲渡若しくは引渡しのために展示し、輸出し、輸入し、若しくは電気通信回線を通じて提供する行為。

Q099 ネットの時代です。ドメイン名の取得に関する原則は、どのようなものですか？

Ⓐ 事業の実態がないのに、その企業名と類似する紛らわしいドメイン名で、類似のサイトを開設することを禁止しています（不正競争防止法2条1項12号）。

ドメインは先願主義であることを利用して、それを取得しておき、そのドメインを真に必要とする事業所が出てきた場合に、それを高く売り込もうとする者がいます。このような不正な利用をさせないために、この規定が設けられています。

【不正競争防止法2条1項12号】 その限定提供データについて限定提供データ不正取得行為が介在したことを知って限定提供データを取得し、又はその取得した限定提供データを使用し、若しくは開示する行為。

Part5

リスクマネジメントの法務

■危機管理のマネジメント（加害者となるリスク）

Q100 企業は、常に、崩壊・瓦解の危険にさらされています。それを避けるための危機管理のマネジメントとして、リスクマネジメントとクライシスマネジメントがあります。どのようなことを想定しておけばよいのですか？

Ⓐ リスクマネジメントとは、想定しうる危機をリストアップし、その危機をまねかない方策をとり、準備をしておくことを言います。危機には、2種類あり、加害者となる加害リスク、被害者となる被害リスクがあります（※亀井利明「リスクマネジメント総論」）。個人情報の漏洩は前者の例であり、信用毀損・威力業務妨営業誹謗行為の被害を受けるような場合が後者の例です。

これによりリスクマネジメントには、2つのマネジメントが必要となります。

1つは、業務遂行においてコンプライアンスを徹底することによって、未然に危機の発生を防止しようというものです。つまり危機の芽をつみとることです。これが、加害リスクのマネジメントです。他の1つは、危機にまき込まれた場合に備えて、それへの対処方策を策定しておくことです。つまり、危機にまき込まれた場合、すぐに対処できるように準備をしておくことです。このことについては、Q120以下に記します。

Q101 著作権を侵害した場合、どのようなことになりますか？

Ⓐ 著作権についての法令違反のリスクとして、罰則の適用があります。

・他者の著作権を侵害した場合、著作権法によると、10年以下の懲役もしくは1000万円以下の罰金、またはこれを併科することになります（119条1項）。

・著作者人格権を侵害した場合には5年以下の懲役もしくは500万円以下の罰金、またはこれを併科することになっています（119条2項）。

・法人が犯した場合には、著作権、著作者人格権の侵害に対して3億円以下の罰金を科することになっています（124条1項）。

・これらの罰則の適用は、告訴があることが条件であり（123条、124条3項）また故意に権利を侵害した場合にのみ刑罰の適用があるということになります（刑法38条1項）。

また、権利侵害のリスクとして、損害賠償責任と謝罪責任とがあります。

・著作権者は、故意または過失により著作権を侵害した者に対してその著作権の行使についてその者がその侵害の行為により利益を受けているときは、その利益の額が著作権者の受けた損害の額として、請求されることになります（114条）。

・財産的損失がない場合には、謝罪を求められることになります（民法723条）。

Q102 肖像権を侵害した場合、どのようなことになりますか？

Ⓐ 肖像権の権利侵害リスクとして、損害賠償責任があります（民法709条、710条、723条）。

賠償額は、パブリシティ権をもつ著名人は別として、一般の人については10万〜20万円が相当額であるとされています（※president.jp/articles/1249）。

【民法709条】 故意又は過失によって他人の権利又は法律上保護される利益を侵害した者は、これによって生じた損害を賠償する責任を負う。

【民法710条】 他人の身体、自由若しくは名誉を侵害した場合又は他人の財産権を侵害した場合のいずれであるかを問わず、前条の規定により損害賠償の責任を負う者は、財産以外の損害に対しても、その賠償をしなければならない。

【民法723条】 人の名誉を毀損した者に対しては、裁判所は、被害者の請求により、損害賠償に代えて、又は損害賠償とともに、名誉を回復するのに適当な処分を命ずることができる。

Q103 パブリシティ権を侵害した場合、どうなりますか？

Ⓐ 一般人と異なり、相当な額を請求されることになります。現在、無名であっても、将来、タレントとしてパブリシティ権を有するにいたれば、その無名時代の写真にはパブリシティ権はあります。

個人情報の場合に比して、金額は大きくなります。この権利は、当人の生存期間中、また没後は、財産権として当人の家族が相続をして、著作権に準じて、没後70年ということになります。

【著作権法51条】 著作権は、この節に別段の定めがある場合を除き、著作者の死後（共同著作物にあつては、最終に死亡した著作者の死後。次条第1項において同じ。）70年を経過するまでの間、存続する。

Q104 他社への信用毀損とされる行為を行った場合、どうなりますか？

Ⓐ 信用毀損罪を犯すことになりますが、この犯罪の特色は、現実に信用を毀損するおそれのある表現行為を行えば、それをもって、犯罪は成立するという抽象的危険罪としての性質をもつものとされています（刑法２３３条）。

また、当然に民法上の不法行為であり、謝罪広告を行う義務も生じます（民法７２３条）。

【刑法233条】 虚偽の風説を流布し、又は偽計を用いて、人の信用を毀損し、又はその業務を妨害した者は、３年以下の懲役又は50万円以下の罰金に処する。

【民法723条】 他人の名誉を毀損した者に対しては、裁判所は、被害者の請求により、損害賠償に代えて、又は損害賠償とともに、名誉を回復するのに適当な処分を命ずることができる。

Q105 Q190で記す不当な比較広告、Q067、Q191で記すようなおとり広告に類するような広報を行った場合、法的にどのような措置がとられますか？

Ⓐ 景品表示法（不当景品類及び不当表示防止法）5条で定められた広報は、違法です。その広告の排除命令を出します。この不当広告の排除命令を受けながら、これに違反して広告に類するような広報活動を依然として継続するならば、独占禁止法により最終的には刑事罰に処せられます。

Q106 個人情報を漏洩した場合、どうなりますか？

Ⓐ 個人情報の扱いにつき個人情報保護法の規定に従わない場合、主務大臣より助言・勧告・命令があり、それに従わない場合には6月以下の懲役または30万円以下の懲役となります（個人情報保護法56条～59条）。

住所、氏名、電話、メールアドレスが漏洩したケースで、ベーシックな情報でも1件5、000円という例があり、当然に、漏洩内容がよりセンシティブなものであれば、その請求額はより高価になります（※ bengo04.com/topics/800）。

学習塾に通う子どもの氏名・学年・住所などの3、500件の個人情報の漏洩につき、1件につき金券500円を賠償した例がありましたが、数が多ければ信用を失うというダメージに加えて企業に与える経済的損失は莫大なものとなります。

Q107 プライバシーの権利を侵害した場合、どうなりますか？

Ⓐ プライバシーの侵害、名誉を害する表現行為については名誉毀損罪によって3年以下の懲役または禁錮または50万円以下の罰金となり（刑法２３０条）、侮辱をすれば拘留刑または科料に処せられることになります（刑法２３１条）。刑事罰については、告訴があることが前提です。

損害額については、外部に伝達した方法、プライバシーの内容、侵害した名誉の程度などが勘案されて最終的には裁判所の決定したところに従うことになります。金額は、被害者の社会的地位、侵害したプライバシーの内容などが勘案して、決定されます。

【刑法230条】
1　公然と事実を摘示し、人の名誉を毀損した者は、その事実の有無にかかわらず、3年以下の懲役若しくは禁錮又は50万円以下の罰金に処する。

【刑法231条】事実を摘示しなくても、公然と人を侮辱した者は、拘留又は科料に処する。

【刑法232条】この章の罪は、告訴がなければ公訴を提起することができない。

【民法723条】他人の名誉を毀損した者に対しては、裁判所は、被害者の請求により、損害賠償に代えて、又は損害賠償とともに、名誉を回復するのに適当な処分を命ずることができる。

Q108 名誉権を侵害した場合、どのようになりますか？

Ⓐ 名誉を害する表現行為については、不法行為（民法709条、710条、723条）として、損害賠償、謝罪広告の対象となります。

【民法709条】 故意又は過失によって他人の権利又は法律上保護される利益を侵害した者は、これによって生じた損害を賠償する責任を負う。

【民法710条】 他人の身体、自由若しくは名誉を侵害した場合又は他人の財産権を侵害した場合のいずれであるかを問わず、前条の規定により損害賠償の責任を負う者は、財産以外の損害に対しても、その賠償をしなければならない。

【民法723条】 他人の名誉を毀損した者に対しては、裁判所は、被害者の請求により、損害賠償に代えて、又は損害賠償とともに、名誉を回復するのに適当な処分を命ずることができる。

Q109 企業の建物が近隣の日照権を侵害している場合、どのようになりますか？

Ⓐ 日照に関する法令違反のリスクとして、国や自治体による建築行政上の法規に反することです。

都市計画法、建築基準法が定める基準、各自治体が規定する条例があります。

これらには建ぺい率・容積率・北側斜線制限・日影規制など日照に関わる規制があります。これに反する建築については建築確認がとれません。

また、自治体によっては、地域住民の要望によりさらに厳しい基準を指導要領で定めて建築主に対してこれを守るように行政指導をしているところもあります。

これらに従わないと近隣住民の企業に対する好感度を得ることはできず、パブリックアフェアーズを行うことはできません。

日照に関する権利侵害のリスクとして、建築差止の請求があります。

日照が妨害されるとして訴訟がおこされます。その法的根拠として、人格権の侵害（憲法13条）であり、不法行為（民法７０９条）として、工事の中止の仮処分を求めるものです（民事保全法23条）。

裁判所は、日照妨害によって被害者が受ける不利益が、社会生活上、受忍すべき程度を越えているか否かで差止を認めるか否かを決定しています。

この判断は、被害の程度、地域性、加害建物と被害建物の用途、先住関係などを考慮して決定されています。

この差止めは、加害建物全体について認められるものではなく、加害建物のうち受忍限度を越えて日照を妨害している部分について認められるものです（※好美清光・大倉忠夫・朝野哲朗「日照・眺望・騒音の法律紛争」）。

【民事保全法23条1項、2項】

1　係争物に関する仮処分命令は、その現状の変更により、債権者が権利を実行することができなくなるおそれがあるとき、又は権利を実行するのに著しい困難を生ずるおそれがあるときに発することができる。

2　仮の地位を定める仮処分命令は、争いがある権利関係について債権者に生ずる著しい損害又は急迫の危険を避けるためこれを必要とするときに発することができる。

Q110 企業の建物が良好な街並みや自然の景観を害するといわれた場合、どのようにすればよいのですか？

Ⓐ 良好な街並みや自然の景観を保つことは、社会的な要請となっています。

現在、地方自治体は地域を対象に「景観計画」を策定し、「目抜き通りエリア」「リゾートエリア」「景勝地エリア」「街並み保全エリア」など、それぞれの特性や環境に応じた景観地域を設定することができます。

景観地域が設定されれば、企業は、その所有権や借地権を活用して、自由な施設の建設・看板の提示などができなくなり、建造物の色彩、看板制限など、経済活動の自由が制限されます。

景観法によると、この「景観計画」は、行政が一方的に行えるものではなく、土地所有権者また借地権者の提案によるものであり（11条1項）、この提案につき、地域の意見が完全に二分された状態で提案されることを防ぐために、提案の要件として、土地所有者等の過半数ではなく、3分の2以上の同意によるコンセンサスを必要としています（11条3項）。

この提案にもとづき、景観地域が設定されます。

厳密には法令違反の加害リスクとはいえませんが、地域住民との良好を保つことが広報活動の基本である以上、企業活動の制限となるとしても、景観地域の設定に同意の意見を表示することが望ましいといえます。

Q111 職場でのハラスメントの加害リスクとして、パワー・ハラスメントがあります。どのように対処すればよいのですか？

Ⓐ すべての国民は、個人として尊重される人権を享有しています（憲法13条）。職場において、パワハラを受ける者にとっては、いわれなき迫害であり、人権が侵害されていることになります。

パワハラは、刑法が規定する犯罪に該当する犯罪であり、いやがらせに暴力を伴えば暴行罪（208条）、義務なきことを行わせれば強要罪（223条）、罵詈雑言をあびせれば名誉毀損罪（230条）・侮辱罪（231条）となります。

上司が、パワハラについては、それが行われていることを知りながら放置しているならば、黙示の共謀共同正犯（制止することが出来る立場にある者がそれを黙認し放置することは事実上の正犯とみなすこと）となる可能性があり、刑法60条が適用されます。

【刑法60条】 2人以上共同して犯罪を実行した者は、すべて正犯とする。

Q112 職場でのハラスメントの加害リストとして、セクシャル・ハラスメントがあります。どのように対処すればよいのですか？

Ⓐ すべての国民は、個人として尊重される人権を享有しています（憲法13条）。職場において、パワハラ、セクハラを受ける者にとっては、いわれなき迫害であり、人権が侵害されていることになります。

セクハラは、「雇用の分野における男女の均等な機会及び待遇の確保等に関する法律」により、上記の犯罪行為にいたらなくとも、職場における性的な言動に起因する不快な就業環境が害されないように雇用管理上の措置をとることを事業主に義務づけています。

法令違反のリスクとして、パワハラについては、それが行われていることを知りながら放置しているならば黙示の共謀共同正犯（制止することが出来る立場にある者がそれを黙認し放置することは事実上の正犯とみなすこと）となる可能性があります。

セクハラについては、それを放置するならば雇用管理上の措置を怠るものであり、厚生労働大臣に勧告をし、それに従わない場合には、その旨の公表がなされることになります（30条）。

これら権利侵害のリスクとして、行為者について、刑事責任、民事責任が生じることになります。

Q113 使用者責任の加害リスクがあります。人を使用する者は、被用者がその業務の遂行について、第三者に加えた損害を賠償する責任を負うことになります。それは、どのようなものですか？

Ⓐ 他人を使用する者は、被用者がその事業の執行について第三者に加えた損害を賠償する責任を負います（民法715条）。

請負業務の不完全履行、交通事故、個人情報漏洩などが、その例です。

ただし、使用者が被用者の選任およびその事業の監督について相当の注意をしたとき、または相当の注意をしても損害の発生が避けられない場合には、賠償責任は生じません。使用者にかわって事業を監督する者も、この使用者責任を負うことになります（民法715条）。

この使用者責任は、雇用関係が有償・無償・継続・臨時を問わず、事実上の指揮監督関係にあれば、使用者責任があるとされています。

また、契約違反の加害リスクとして、被用者による請負業務の不完全履行など、権利侵害の加害リスクとして被用者が起こす交通事故や個人情報の漏洩なども。加害リスクとなります。

Q114 環境破壊（公害）の加害リスクがあります。それは、どのようなものですか？

Ⓐ　環境基本法は、事業者へ環境に配慮することを義務づけています（8条）。

環境基本法の前身である公害対策基本法では、いわゆる調和条項「生活環境の保全については経済の健全な発展との調和が図られるようにする」との規定があり、企業の公害対策は不十分なものであっても許容されるべきものとされていましたが、現行法では汚染者負担の原則が定められ（8条）、ほぼ無過失責任の原則となっています。

【環境対策基本法8条1項2項】

1　事業者は、基本理念にのっとり、その事業活動を行うに当たっては、これに伴って生ずるばい煙、汚水、廃棄物等の処理その他の公害を防止し、又は自然環境を適正に保全するために必要な措置を講ずる責務を有する。

2　事業者は、基本理念にのっとり、環境の保全上の支障を防止するため、物の製造、加工又は販売その他の事業活動を行うに当たって、その事業活動に係る製品その他の物が廃棄物となった場合にその適正な処理が図られることとなるように必要な措置を講ずる責務を有する。

Q115 契約の不完全履行の加害リスクがあります。それは、どのようなものですか？

Ⓐ 正当なクレームとして、契約の不完全履行があります。

売買契約や引き渡した製品・請負契約による作業に明らかな欠陥、つまり瑕疵がある場合、契約の不完全履行として債務不履行であり、製品の取り換え・作業のやり直しが必要となります。

売り主や受注者は、納品や検査の段階で、これらのクレームに対応する法的な責任が生じています（民法４１５条）。

【民法415条】 債務者がその債務の本旨に従った履行をしないときは、債権者は、これによって生じた損害の賠償を請求することができる。債務者の責めに帰すべき事由によって履行をすることができなくなったときも、同様とする。

Q116 瑕疵担保責任の加害リスクがあります、それは、どのようなものですか?

Ⓐ 納品・引き渡しの段階で瑕疵の存在が明らかでない場合があります。

その後、それに隠れた瑕疵があることが分かった場合、買主は契約の対象物につき法律上の瑕疵があることを知った時点から、1年以内に契約の解除または損害賠償の請求ができます(民法566条、570条)。企業間取引の場合には、瑕疵担保責任の期間は、6月です(商法526条)。

建物その他の工作物の請負契約については、その工作物または地盤の瑕疵については、引き渡し後の5年間は瑕疵担保責任があります。石造、土造、レンガ造、コンクリート造、金属造その他これに類する構造の工作物については、10年間は瑕疵担保責任を負います(民法638条1項)。工作物が1項の瑕疵により滅失または損傷したときは、注文者は、その滅失または損傷の時から、1年以内に、損害の請求をしなければなりません(民法638条2項)。

これらの期間内での瑕疵担保責任に関するクレームについては、事業者には、消費者基本法によりそれに対応すべき法的責任があります。

Q117 ＰＬ事故の加害者リスクがあります。それは、情報提供に誤りがある場合です。どのようなことですか？

Ⓐ ＰＬ法の対象となる「製造物」とは、「製造又は加工された動産」であり、一般に衣食住に関係する工業製品を中心とし、動産であっても加工をしていない農林畜産水産物は含まれません。

対象となる「欠陥」とは、製造上の欠陥と指示・警告上の欠陥です。

製造上の欠陥とは、製造物が通常持つべき安全性がなく損害が発生した場合（設計・仕様自体に問題があり安全性を欠いている場合、設計・仕様どおりに製造されなかったために安全性を欠いた場合の双方を含む）です。

指示・警告上の欠陥とは、取扱説明書に不備がありそのため損害が発生した場合です。ただし、常識に反するような異常な使用によって生じた損害については、製品には欠陥はなく、損害賠償の対象とはなりません。

Q118 PL事故の加害者リスクがあります。それは、製造物そのものに欠陥がある場合です。どのようなことですか？

A 製造物の欠陥により人の生命、身体または財産に係わる被害が生じた場合には、製造業者等は損害賠償の責任を負います。瑕疵担保責任は、欠陥製品等そのものに損害賠償責任（代替品の提供、金銭補償など）を負うものです。

これに対して、PL法は、その製品の使用により生命、健康、財産に侵害があった場合に、その身体障害・健康被害、火災発生などの事故の責任を製造者等（製造、加工、輸入をした者）に負わせるという点で、瑕疵担保責任とは異なります。製造業者が免責される場合は、限定されています。免責されるのは、PL法4条の場合です。

【製造物責任法4条】 前条の場合において、製造業者等は、次の各号に掲げる事項を証明したときは、同条に規定する賠償の責めに任じない。

1 当該製造物をその製造業者等が引き渡した時における科学又は技術に関する知見によっては、当該製造物にその欠陥があることを認識することができなかったこと。

2 当該製造物が他の製造物の部品又は原材料として使用された場合において、その欠陥が専ら当該他の製造物の製造業者が行った設計に関する指示に従ったことにより生じ、かつ、その欠陥が生じたことにつき過失がないこと。

Q119 不実告知（消費者契約法）による加害者リスクがあります。それは、どのようなものですか？

Ⓐ 消費者契約法は、事業者の強い立場を利用して、消費者に不利益な契約を結ばせた場合、消費者は契約の取消ができると規定しています。取消のできる期間は、気がついた時から1年以内、当該契約締結の時から5年以内です。

【消費者契約法1条】 この法律は、消費者と事業者との間の情報の質及び量並びに交渉力の格差に鑑み、事業者の一定の行為により消費者が誤認し、又は困惑した場合等について契約の申込み又はその承諾の意思表示を取り消すことができることとするとともに、事業者の損害賠償の責任を免除する条項その他の消費者の利益を不当に害することとなる条項の全部又は一部を無効とするほか、消費者の被害の発生又は拡大を防止するため適格消費者団体が事業者等に対し差止請求をすることができることとすることにより、消費者の利益の擁護を図り、もって国民生活の安定向上と国民経済の健全な発展に寄与することを目的とする。

解約ができる場合

不実の告知	商品の品質・価格など事実と異なる説明	4条1項1号
断定的判断の告知	絶対に，間違いなく儲かるなどの説明をした	4条1項2号
不利益事実の不告知	利益部分のみ説明，不利益部分を説明しない	4条2項
不退去	退去を求めるも，居座って契約を締結	4条3項1号
監禁	帰らせてもらえず，締結を求められた契約	4条3項2号
違約金	違約金の額を過大に設定する契約	9条1号

■危機管理のマネジメント（被害者となるリスク）

Q120 自社の信用が毀損される場合があります。それに対して、どのように対処できますか?

Ⓐ Q058に記しているとおり、会社の信用を害するような表現行為が見られた場合、そのデマは真実でないことを、得意先、広告、広くネットなどで、事実ではないことを訴えていくことが必要です。この犯罪は、信用が傷つかなくとも、信用が失われるおそれがあれば、それだけで、信用毀損罪（刑法233条）は成立します。

【刑法233条】 虚偽の風説を流布し、又は偽計を用いて、人の信用を毀損し、又はその業務を妨害した者は、3年以下の懲役又は50万円以下の罰金に処する。

Q121 自社の業務が妨害されることがあります。それに対して、どのように対処できますか？

Ⓐ Q060で記したとおり、暴力、脅迫、面談の強要、無言電話など、業務の遂行を妨害すれば、それだけで業務妨害罪（刑法234条）は成立する犯罪です。現実に業務の妨害の危険があれば、それをもって成立する犯罪であり、現実に業務が妨害されることが犯罪の成立条件ではありません。

妨害を加えている者に対して、今、現在、犯罪は成立している旨を伝えて、直ちに妨害行為の中止を求めることが必要です。

【刑法234条】（業務妨害罪）威力を用いて人の業務を妨害した者も、前条（信用毀損罪・刑法233条）の例によります。

Q122 自社が競争相手より営業誹謗行為を受ける場合があります。それに対してどのように対処することができますか？

A Q064で記したとおり、自社と同じ業種の企業から自社の信用を害する行為があれば、営業誹謗行為として、不正競争防止法3条1項による差止請求権が認められます。

損害賠償や謝罪広告などの信用回復措置は、名誉毀損、信用毀損などの民法上の不法行為に関する規定によって、その目的を達成することはできますが、民法上の差止請求は、相手方の表現の自由との関係で、それが認められる場合は、相当に制限されます。

不正競争防止法では、競争相手に限って、虚偽の事実を告知し、流布すれば、それだけで、差止の処分が裁判所より下されます。

【不正競争防止法3条1項】 不正競争によって営業上の利益を侵害され、又は侵害されるおそれがある者は、その営業上の利益を侵害する者又は侵害するおそれがある者に対し、その侵害の停止又は予防を請求することができる。

虚偽の事実	競争相手の商品の悪口を言う
告知	来店した客に話す
流布	インターネットで流す

Q123 自社が不当な比較広告にさらされる場合があります。それに対して、どのような対処ができますか？

Ⓐ Q066で記したとおり、比較広告は、そのものは合法です。したがって、自社の製品が比較広告の対象とされ、他社の製品と比較されること、そのものには、問題はありません。景品表示法（不当景品及び不当表示防止法）により、比較広告そのものは、合法な広告であり、広報であるとしています。

しかし、商品又は役務の品質、規格その他の内容について、一般消費者に対し、実際のものよりも著しく優良であると示し、又は事実に相違して当該事業者と同種若しくは類似の商品若しくは役務を供給している他の事業者に係るものよりも著しく優良であると示す表示であって、不当に顧客を誘引し、一般消費者による自主的かつ合理的な選択を阻害するおそれがあると認められるような表現を行うことは、禁止されています（5条1号、2号）。

比較の方法が公平でないもの、たとえば自社のものは旧式、他社のものは最新鋭、その性能の優劣を示すような広告は、公平ではなく、直ちに、中止を求めることが必要です。

Q124 自社が風評被害にさらされる場合があります。それに対して、どのように対処すべきですか？

Ⓐ 裁判所は、風評により実害がある場合、損害賠償を認めています。

したがって、広報活動での事実誤認の情報発信につき、それが原因で、実害が発生した場合、風評被害の賠償責任が生ずることがあることに、注意しなければなりません（民709条、710条）。口蹄疫、鳥インフルエンザ、SARS、銀行取り付け騒ぎ、ダイオキシン汚染ど、認められた例があります。

加害者が、風評被害を引き起こす情報を発信したことに、故意・過失があることが、必要です。その誤った情報を発信した者が複数である場合、共同不法行為責任を負うことになります（民法719条）。そして、その誤った情報がなければ、被害は、絶対に生じなかったということの証明を行うことが必要です（相当因果関係）。

Q125 自社がネット上の誹謗中傷にさらされる場合があります。それに対して、どのように対処できますか？

Ⓐ ネットユーザーは、匿名であるが故に、また限られた送信相手であるが故に、面と向かっては言えないような、過激な罵詈雑言を使用して、企業、個人、NPO等を批判することがあります。

この批判の内容が、名誉毀損罪（刑法230条）の構成要件に該当すれば、違法性をもつことになり、広報活動としては、リスクマネジメントとして法的な対応をすることが必要となります。名誉毀損とは、その企業、個人、NPO等の社会的評価を貶める事実無根の事柄を広く伝達することです。たとえば、「贈賄をしている」「幹部は私腹を肥やしている」など事実に反する情報をネット上にアップすれば、広く伝達したということで、犯罪は成立します。

また「バカ・阿呆者」「低級下劣なヤツ」「寝返りの常習者である裏切り者」などという形容詞をつけて、具体的事実を指摘せずに抽象的に相手を評価することですが、これらの表現は、侮辱罪（刑法231条）に該当する違法表現です。この場合、注意することが必要な法理論があります。Q053で記した「公正な論評の法理」です。この法理によると、過激な表現により侮辱ともとれるような批判をしても、事実無根の事柄を述べていないならば、それは表現の自由として違法性はないものとしています。

Q126 マスコミの誤報があった場合、どのようにすればよいのですか？

Ⓐ 事実誤認の報道は、その会社の社会的評価を下げるものですから、広報は直ちにその訂正を求めるべきです。この場合、最終的には、民法７２３条の謝罪広告を求める訴訟を起こすという法的手段を検討することになりますが、事実誤認をさせたことには事業の側の情報提供の仕方・内容にも責任があるとの認識をもつことが必要でしょう。一方的に相手を非難すると逆効果となることもあります。

【民法723条】 他人の名誉を毀損した者に対しては、裁判所は、被害者の請求により、損害賠償に代えて、又は損害賠償とともに、名誉を回復するのに適当な処分を命ずることができる。

Q127 社員の犯罪は企業のイメージをおとします。どのように対処すればよいのですか？

Ⓐ　どのような犯罪であるのか、また逮捕され身柄が拘束されているか否かにより、その社員がおかれている状況は異なるでしょうが、就業規則で「刑罰法規に定める違法な行為を犯したとき」に懲戒解雇とすることが定められており、その行為が懲戒処分もやむを得ない程度に悪質な場合には、その処分を受けることになるでしょう。

会社にマスコミなどからその社員の人物像の問い合わせがあった場合、各社員には、広報を通してコメントするというように、情報提供の窓口は1つとすることが望ましいでしょう。

Q128 株主総会で混乱が予想される場合、広報は何をすべきでしょうか？

Ⓐ 株主総会を混乱させる者として総会屋がいますが、これには2つのタイプがあります。1つは、会社より株式や金銭を取得した見返りに、総会で会社側に不利な発言をする者がいた場合にその発言をさえぎり「議事進行」と叫ぶ者です。もう1つは、会社に金品を強要し拒絶されたため総会で暴れまくる者です。会社法970条により総会屋は禁止されていますから、前者のタイプはありえず、後者のタイプの総会屋が出てくる可能性はあります。総会は妨害行為により混乱したが、毅然とした態度で会社は接したことを、広報することが必要です。

Part6

クライシスマネジメントの法務

■クライシスへの対応（起こした事故への対応）

Q129 リスクマネジメントにより事故防止に努めていても、事故は発生することがあります。これに対処して、企業価値を防衛するのが、クライシスマネジメントです。また、ダメージコントロールともいわれます。それは、どのようなことを行えばよいのですか?

Ⓐ　リスクマネジメントにより事前に事故の発生の防止を務めていても、不幸にも事故は発生することがあります。これに対処するのが、クライシスマネジメントです。

火災・爆発、自然災害、交通事故、公害、欠陥商品、欠陥サービス、従業員の刑事事件、企業犯罪、社内不祥事、人事管理・労務管理上のトラブル、個人情報の漏洩、コンピュータークライシスなどがあり、これらにつき、適正に対処しなければその組織は壊滅的なダメージを受けることになります。これらの事件・事故・不祥事が生じた場合、ダメージコントロール、つまり損害をいかに最小限にとどめるかが、広報の役割です。事故・事件・不祥事を隠蔽することなく、迅速に対応策をとることが、その企業の信用に結び付きます。報道によって、隠蔽した事実があった場合、それらが暴かれたときのダメージは、はかりきれないほど大きなものとなります（※田中正博「会社を守るクライシス・コミュニケーション」）。

Q130 交通事故を起こした場合は、どのような措置をとることが必要ですか？

Ⓐ 勤務時間中の事故については、ドライバーの道路交通法違反、また人身事故の場合には刑事責任が問われますが、事業は民法715条1項の使用者責任が問われることがあります。

使用者責任とは、被用者がその事業の遂行について第三者に加えた損害を賠償する責任を負います（民法715条1項）。ただし、使用者が被用者の選任およびその事業の監督につき相当の注意をしたとき、または相当の注意をしていたが、その事故が起きてしまった場合には、使用者責任はないとしています。

事故をおこした原因が、事業側に責任がある場合と他者にある場合とがあります。単独事故または100％事故責任が事業者側にあれば事業者側が補償金をすべて負担することになります。相手側に事故責任があれば、相手側に負担を求めることになります。双方に責任があれば、過失相殺により、過失の程度の軽重を考慮して、その支払金額が決定されることになります（民法722条2項）。

【民法722条2項】 被害者に過失があったときは、裁判所は、これを考慮して、損害賠償の額を定めることができる。

Q131 これに関係して注意すべき法律は何ですか？

Ⓐ 道路運送車両法54条です。

それによると、陸運局長は、自動車が保安基準に適合しなくなるおそれがある状態又は適合しない状態にあるときは、当該自動車の使用者に対し、保安基準に適合しなくなるおそれをなくすため、又は保安基準に適合させるために必要な最小限度の整備を命ずることができる、としています。陸運局長は、自動車の使用者が前項の規定による命令に従わない場合において、当該自動車が保安基準に適合しない状態にあるときは、当該自動車の使用を停止し、又は当該自動車の使用の方法若しくは経路を制限することができる、としています。

【道路運送車両法54条】 地方運輸局長は、自動車が保安基準に適合しなくなるおそれがある状態又は適合しない状態にあるとき（次条第一項に規定するときを除く。）は、当該自動車の使用者に対し、保安基準に適合しなくなるおそれをなくすため、又は保安基準に適合させるために必要な整備を行うべきことを命ずることができる。この場合において、地方運輸局長は、保安基準に適合しない状態にある当該自動車の使用者に対し、当該自動車が保安基準に適合するに至るまでの間の運行に関し、当該自動車の使用の方法又は経路の制限その他の保安上又は公害防止その他の環境保全上必要な指示をすることができる。

Q132 大気汚染、水質汚濁など環境汚染の問題を発生させた場合、その責任はどのようなものですか？

Ⓐ 他者の健康を害するような害悪を加えた場合、事業に過失がある場合には、その事業は賠償責任を負います（民法７０９条）。この場合、過失とは、扱いを誤るなど不注意により被害を与えた場合にその法的責任が問題とされるのであり、予測可能性がないようなものについては過失責任はありません。しかし、大気汚染による健康被害については、その業務が正当に行われたとしても、当該疾病に因果関係があれば、判例は、賠償責任があるとしています。

【民法709条】 故意又は過失によって他人の権利又は法律上保護される利益を侵害した者は、これによって生じた損害を賠償する責任を負う。

【民法710条】 他人の身体、自由若しくは名誉を侵害した場合又は他人の財産権を侵害した場合のいずれであるかを問わず、前条の規定により損害賠償の責任を負う者は、財産以外の損害に対しても、その賠償をしなければならない。

Q133 他社の知的所有権などを侵害した場合、広報は、どのように対応すべきですか?

Ⓐ 法律により、その保護する内容が定められています。侵害した他社へ謝罪をして、賠償をすることが必要です。

著作権	著作権法	個人・没後70年, 法人70年
著作隣接権	著作権法	演奏等記録時から70年
発明	特許法	出願の日から20年
考案	実用新案法	出願の日から10年
デザイン	意匠法	出願の日から25年
商品の形	不正競争防止法	発売の日から3年
商標	商標法	登録の日から10年・更新可能

等々

Q134 契約の不履行であるといわれた場合、その内容はどのようなものであり、どのような措置をとればよいのですが？

Ⓐ 企業は、契約内容の完全な履行を求められています。

これが実現できなければ、企業は信用を失い、存続の危機を迎えることになります。

履行が遅れた履行遅滞、履行内容が不十分である不完全履行、履行することが技術的・時間的にできない履行不能があれば、それは契約不履行であり、法的に補償を行うことが、クライシスマネジメントとして必要な措置となります（民法416条1項）。

この場合、入金しなかったため購入しようとした物が買えなかった、思い出の旅行に使用しようと考えていたけど納品されなかったために、それができなかったなど、格別の理由によるクレームがありえます。

これにつき「当事者がその事情を予見し、又は予見することができたとき」（民法416条2項）には、その補償に慰謝料が加算されることになります。

【民法416条1項】

1　債務の不履行に対する損害賠償の請求は、これによって通常生ずべき損害の賠償をさせることをその目的とする。

Q135 コンピューター事故を起こした場合、広報はどのように対応すべきですか？

Ⓐ コンピューター停止をしたような場合、たとえば、銀行オンライン、取引所、鉄道集中制御装置がシャットダウンしたようなときは、社会的な大混乱をきたします。

この意味で、ＩＴ社会は脆弱性をもつものでありますが、このような事態にいたった時に、いかに対応するか、事前に広報は対策を用意し、そのマニュアルに従って、行動をします。基本的には、損害賠償の法理が適用されます。

【民法709条】
故意又は過失によって他人の権利又は法律上保護される利益を侵害した者は、これによって生じた損害を賠償する責任を負う。

【民法710条】
他人の身体、自由若しくは名誉を侵害した場合又は他人の財産権を侵害した場合のいずれであるかを問わず、前条の規定により損害賠償の責任を負う者は、財産以外の損害に対しても、その賠償をしなければならない。

Q136 これに関係して、注意すべき法律は何ですか？

Ⓐ このような事故を起こした場合、その事業と利用者との間に締結されている約款によって処理されます。

問題になるのは、入金できなかったため購入しようとした物が買えなかったなど、個人的な格別の理由によるクレームがあります。Q134で触れたように、物を買うためにお金を準備していることという事情を当事者が知っているような場合には、その損害を賠償する責任がある場合もあります。

【民法416条2項】

2 特別の事情によって生じた損害であっても、当事者がその事情を予見し、又は予見することができたときは、債権者は、その賠償を請求することができる。

Q137 表示した価格にミスがあった場合、法的にどのように対応すべきですか？

Ⓐ 商品に表示する価格にミスがあった場合、その売り手はその価格で売る意思を有していないため、法的には錯誤のある意思表示であるとして無効になります。それが、店での正札であろうとネット上であろうと同じです。ただし、表示をした売り手の側に、それを表示することに重大な過失がある場合には、民法95条但書により表意者である売り手の方から、その無効の主張はできません。したがって、金額の表示にミスがあった場合、価格の訂正を行えば、それ以後は正当な価格で販売できますが、訂正以前の売買契約については、やはり、表示した価格で販売しなければならないでしょう。

【民法95条】 意思表示は、法律行為の要素に錯誤があったときは、無効とする。ただし、表意者に重大な過失があったときは、表意者は、自らその無効を主張することができない。

Q138 人に対して差別的な対応を行ってしまった場合、どのように対応すればよいのですか？

Ⓐ 憲法で保障した平等原則は、契約を行うことについても適用されます。人種、信条、性別、身分、門地などを基準として、政治的、経済的、社会的に差別する内容の契約は、公序良俗に反する契約として違法です（民法90条）。このような差別的な内容と伴う契約を行えば、差別を行うブラック企業として、非難され社会的信用を失うことになります。

しかし、差別を行うことに合理的な理由があれば、その区別は合法であり、「差別である」とのクレームがあっても、その区別には人間性を侮蔑するような人格権を侵害するものではなく、その区別を納得してもらうように説明することが必要です。

【憲法14条1項】 すべて国民は、法の下に平等であつて、人種、信条、性別、社会的身分又は門地により、政治的、経済的又は社会的関係において、差別されない。

【民法90条】 公の秩序又は善良の風俗に反する事項を目的とする法律行為は、無効とする。

Q139 商品に欠陥があった場合、どのように対応すればよいのですか?

Ⓐ

不完全履行

正当なクレームとして、契約の不完全履行があります。

売買契約や引き渡した製品・請負契約による作業に明らかな欠陥、つまり瑕疵がある場合、契約の不完全履行として債務不履行であり、製品の取り換え・作業のやり直しが必要となります。

売り主や受注者は、納品や検査の段階で、これらのクレームに対応する法的な責任が生じています（民法４１５条）。

瑕疵担保責任

正当なクレームとして、瑕疵担保責任があります。

納品・引き渡しの段階で瑕疵の存在が明らかでない場合があります。その後、それに隠れた瑕疵があることが分かった場合、買主は契約の対象物につき瑕疵があることを知った時点から、１年以内に契約の解除または損害賠償の請求ができます（民法５６６条、５７０条）。企業間取引の場合には、瑕疵担保責任の期間は、６月です（商法５２６条）。

Q140 異物が混入した製品を販売した場合、法的にどのように対応すればよいのですか？

A 売買契約上、不良製品の引渡しは、その契約を履行したとはいえません。

売主は、民法570条の瑕疵担保責任として、解約または損害賠償の責任が生じます。広報としては、クレームがあった場合、それが正当なものであるならば、それに対応する法的責任があります。

【民法566条】 売買の目的物が地上権、永小作権、地役権、留置権又は質権の目的である場合において、買主がこれを知らず、かつ、そのために契約をした目的を達することができないときは、買主は、契約の解除をすることができる。この場合において、契約の解除をすることができないときは、損害賠償の請求のみをすることができる。

【民法570条】 売買の目的物に隠れた瑕疵があったときは、第五百六十六条の規定を準用する。ただし、強制競売の場合は、この限りでない。

Q141 薬品に関する法律で、法的に注意することはありますか?

Ⓐ 薬事法66条1項によると、医薬品、医薬部外品、化粧品などにつき、虚偽または誇大な記事を広告し、記述することを禁止しています。薬品類の使用は直接に国民の生命・健康に影響を与えるものですから、これに関する虚偽・誇大な広告によって生じるであろう害悪を回避するためにオーバーな表現は禁止されています。したがって、客観的なデータにもとづく記述をすることが必要とされています。

【薬事法66条】

1 何人も、医薬品、医薬部外品、化粧品、医療機器又は再生医療等製品の名称、製造方法、効能、効果又は性能に関して、明示的であると暗示的であるとを問わず、虚偽又は誇大な記事を広告し、記述し、又は流布してはならない。

2 医薬品、医薬部外品、化粧品、医療機器又は再生医療等製品の効能、効果又は性能について、医師その他の者がこれを保証したものと誤解されるおそれがある記事を広告し、記述し、又は流布することは、前項に該当するものとする。

3 何人も、医薬品、医薬部外品、化粧品、医療機器又は再生医療等製品に関して堕胎を暗示し、又はわいせつにわたる文書又は図画を用いてはならない。

Q142 不買運動があった場合、どのように対応すればよいのですか？

Ⓐ 不買運動は、企業にとって大変な痛手となります。しかし、買うか買わないかは、消費者の自由です。その運動が、刑法に規定する名誉毀損にならず、また威力業務妨害となるような行為を伴わなければ、憲法21条1項が保障する表現の自由としての不買運動は認められるものです。したがって、広報としては、この運動に対抗して、企業の正当性をキャンペーンするしかありません。

【憲法21条1項】 集会、結社及び言論、出版その他一切の表現の自由は、これを保障する。

Q143 抗議デモが押し寄せてきた場合、どのように対応すればよいのですか？

Ⓐ 抗議デモは、表現の自由として保障されているものです。抗議であるため、その表現の中には、名誉を害するような腹立たしいものもあります。このような表現には、「公正な論評の法理」が適用されます。これは、何人も論評の自由を有し、それが公的活動とは無関係な私生活の暴露や人身攻撃に渡らず、かつ論評が公正であるかぎりは、シュプレヒコールやプラカードの用語や表現が、いかに激烈・辛辣なものであっても、表現者は名誉毀損の責任は問われることはありません。

したがって、広報としては、法的措置をとることではなく、自己の立場を述べることにより、社会の支持を得る方策に力を入れるべきでしょう。

【憲法21条1項】 集会、結社及び言論、出版その他一切の表現の自由は、これを保障する。

Q144 内部告発があった場合、どのように対処すべきですか？

Ⓐ 公益通報制度があります。この制度は、社内に不正があることを告発した者が、会社より不利益な処分をうけないことを保証したものです（公益通報者保護法1条）。

この法律は、違反行為に罰則がある法律について、法律違反があることを告発した者に対して適用されます。

この保証は、正社員、派遣社員、請負事業者など業務に係る者にすべての者に対して適用されます。

① 事業者は、コンプライアンスに反することを行っているとの報告があった時、「うわさ」ではなく真実性（証拠となる資料の存在）があれば、その調査をして不正を是正することが必要です。

② 事業者がその不正を是正しようとしない時には、行政機関に通報できます。

③ 証拠を隠滅する可能性があり、生命・身体への危害を及ぼすような危機がある場合には、マスコミに通報することも正当な行為となります。

Q145 マスコミの批判報道に事実誤認がある場合、広報はどのようなことをすればいいのですか？

A 事実誤認の報道は、その企業の社会的評価をさげるものであり、被害リスクとなります。直ちに、その訂正を求めるべきです。この場合、最終的には、訂正に加えて謝罪を求めることができます（民法723条）。

ただ、事実誤認の報道をさせたことには企業の側にも情報提供の仕方に責任があることもあり、一方的に相手を非難するのは逆効果となることもあります。

【民法723条】 他人の名誉を毀損した者に対しては、裁判所は、被害者の請求により、損害賠償に代えて、又は損害賠償とともに、名誉を回復するのに適当な処分を命ずることができる。

Q146 自社のブランドと類似したブランドが出回っている場合、どのような措置をとるべきですか?

Ⓐ 自社の商標が、たとえ業種が異なっても、他社に使用されると、自社の商品との混同を招き、企業のイメージを低下させます。ブランドが良質の場合、企業のイメージを低下させます。ブランドが良質の場合、ただ乗り(フリーライド、free ride)、希釈化(ダイリューション、dilution)、汚染(ポリューション、pollution)におびやかされます。これら他社のブランドの類似したものを利用することは、不正競争防止法2条1項1号2号により違法としています。

自社のブランドを利用するただ乗りはいうに及ばず、紛らわしい商標の出回りによる希釈化、自社のブランド名を風俗店が使用するような汚染行為があるような場合、自社の名誉と利益を守るために、いち早く社会にむかってこの類の偽物が出回っていることをアピールするのが広報の役目です。

Q147 自社の製品や信用につき悪意のある風評が流された場合、どのような措置をとるべきですか？

Ⓐ 競争関係にある他者の営業上の信用を害する虚偽の事実を告知し、または流布する行為があった場合は、たとえば「特許権を侵害している」などの事実無根の表現があれば、直ちにその差止め請求ができます。

不正競争防止法では、競争関係にある企業の妨害行為であるが故に、虚偽の事実の告知・流布があれば、直ちに、その取消を命ずることができます（2条1項14号）。

ただ、この営業誹謗行為は、ソーシャルメディア上の場合は、発信者が匿名であることが通例でしょうから、同業者であることを条件とする同法の適用は、事実上、困難でしょう。

虚偽の風説を流布して、人の信用を毀損する行為は犯罪です（刑法233条）。この信用とは、その企業の経済的な支払能力または支払意思に対する社会的評価のことをいい、これを害する表現を行うことが犯罪となります。

したがって、「約束を守らない不誠実な会社」「時代の変化に対応できない無能な経営者」などという表現も人の信用に関係することですが、これは信用毀損罪には該当せず、名誉毀損罪や不法行為の問題です。

Q148 社員の略取誘拐があった場合、広報は何をすべきですか？

Ⓐ 略取誘拐には、刑法２２４条の未成年者略取誘拐、その他営利目的略取誘拐、身代金目的略取誘拐罪などがあります。略取とは拉致をし、誘拐とはだまして連れ出し監禁することです。非公開で捜査中であるならば略取誘拐の事実を漏洩しないこと、公開捜査の場合にはマスコミなどの取材に対して不用意な発言を慎むように社内に伝えることが必要です。

【刑法225条】 営利、わいせつ、結婚又は生命若しくは身体に対する加害の目的で、人を略取し、又は誘拐した者は、1年以上10年以下の懲役に処する。

Q149 脅迫や恐喝があった場合、広報は何をすべきですか？

Ⓐ 脅迫とは、たとえば放火すると害悪を告知して相手を脅かすことであり、金品の要求をしなくとも、刑法222条の脅迫罪は成立します。会社に恨みがある場合によくあるケースです。

恐喝とは、たとえば製品に毒物を混入すると脅迫をして、財物を交付させようとするもので、刑法249条により恐喝罪となります。会社を脅して。金銭を取ろうとする犯罪です。

この類の脅迫や恐喝があった場合、広報としては、それに屈することなく、業務を正常に遂行していることを、広く社会に伝えることが必要です。

【刑法222条】 生命、身体、自由、名誉又は財産に対し害を加える旨を告知して人を脅迫した者は、2年以下の懲役又は30万円以下の罰金に処する。

【刑法249条】 人を恐喝して財物を交付させた者は、10年以下の懲役に処する。

Q150 食品を不潔に扱ったり毒物を混入させるような嫌がらせや悪戯があった場合、広報は、どのようなことをすべきですか？

Ⓐ このような嫌がらせや悪戯は、威力業務妨害罪となります。バイトテロなどで見られた例です。

また毒物の混入は「流通食品への毒物の混入等の防止等に関する特別措置法」により処罰されます。

しかし、企業は被害者であるとしても、そのまま、放置すれば加害者となります。人命や健康に関係することであり、速やかに製品の回収が必要であり、記者会見を開くなど、広報としてはその製品の使用を中止するように社会に訴えることが必要です。

【流通食品の毒物の混入等の防止等に関する特別措置法1条】 この法律は、流通食品への毒物の混入等を防止するための措置等を定めるとともに、流通食品に毒物を混入する等の行為を処罰することにより、国民の生命又は身体に対する危害の発生を防止し、あわせて国民の生活の平穏と安定に資することを目的とする。

Q151 企業秘密である製造技術が漏洩した場合、法的にどのようなことができますか？

Ⓐ それぞれ個別の法律により守秘義務が課せられている公務員、秘密漏示を禁止されている医師、薬剤師などがいますが、民間の場合は、就業規則で「社員は職務上知り得た会社の業務上の秘密を漏らしてはならない」と含む規定で定めているのが通例です。このような場合、懲戒解雇とし、これにより利益を得ている者がいる場合には、不法行為として損害賠償を求めることになります。Q077でも、このことについて、記しています。

【民法709条】 故意又は過失によって他人の権利又は法律上保護される利益を侵害した者は、これによって生じた損害を賠償する責任を負う。

Q152 コンピューターにハッカーが侵入しシャットダウンするような犯罪の対象となった場合、どのようなことをすべきですか？

Ⓐ コンピューターにハッカーが侵入し停止させたり書き込みを行うハッカー行為は、刑法234条の2の電子計算機損壊等業務妨害罪に該当する犯罪です。このような被害を受けた場合、広報としては、その被害事実公表し、保存している個人情報が消去・改ざんされているか否かを速やかに公表することが必要です。

【刑法234条の2】 人の業務に使用する電子計算機若しくはその用に供する電磁的記録を損壊し、若しくは人の業務に使用する電子計算機に虚偽の情報若しくは不正な指令を与え、又はその他の方法により、電子計算機に使用目的に沿うべき動作をさせず、又は使用目的に反する動作をさせて、人の業務を妨害した者は、5年以下の懲役又は100万円以下の罰金に処する。

Q153 コンピューターに侵入され情報が盗み見られたことが分かったかった場合、広報は、何をすべきですか？

Ⓐ　パスワードを盗みコンピューターに入り込む行為は、不正アクセス禁止法5条に触れる行為です。これらの被害を受けた場合、広報としては、その事実を社会に公表し、そのコンピュータに保存されている個人情報が漏れたか否かを公表することが必要です。その個人情報が悪用された場合には、その事業は加害者となるので注意をして下さい。このことにつき、Q135、Q136でも説明をしています。

【不正アクセス禁止法5条】　何人も、業務その他正当な理由による場合を除いては、アクセス制御機能に係る他人の識別符号を、当該アクセス制御機能に係るアクセス管理者及び当該識別符号に係る利用権者以外の者に提供してはならない。

Q154 ハイジャックに社員が巻き込まれた場合、すべきことはどのようなことですか？

Ⓐ 航空機のハイジャックは「航空機等の強取得等の処罰に関する法律」により、無期または7年以上の懲役、そして人を殺害した場合には死刑または無期懲役となる重罪です。このような事件に巻き込まれた場合、マスコミなどからの問い合わせがあっても、人名などの最小限度の情報を流すにとどめるべきです。犯人は、機上より、報道を聞いています。その情報をもとにして、新たな要求をしてくることが予想されるからです。

【航空機等の強取等の処罰に関する法律1条】

1　暴行若しくは脅迫を用い、又はその他の方法により人を抵抗不能の状態に陥れて、航行中の航空機を強取し、又はほしいままにその運航を支配した者は、無期又は7年以上の懲役に処する。

2　前項の未遂罪は、罰する。

Q155 面会の強要があった場合、広報は何をすべきでしょうか？

Ⓐ 面会を拒否しているのに、それを強要し、玄関におしかけ大声をあげ威嚇をしたり、また頻繁に電話をかけ他の電話がかかりにくくなるような状況にいたれば、刑法234条の威力業務妨害罪に該当する行為となります。また、個人への恋愛感情によるものであるならば、これに加えて「ストーカー行為等の規制に関する法律」により処罰の対象となる行為を行っていることになります。広報としては、このような行為を行う者に対して、その行為を継続するならば法的措置をとることもあることを告げ、中止を求めるべきでしょう。このことについては、Q074、Q121でも触れています。

【ストーカー行為等の規制に関する法律4条】 警視総監若しくは道府県警察本部長又は警察署長（以下「警察本部長等」という。）は、つきまとい等をされたとして当該つきまとい等に係る警告を求める旨の申出を受けた場合において、当該申出に係る前条の規定に違反する行為があり、かつ、当該行為をした者が更に反復して当該行為をするおそれがあると認めるときは、当該行為をした者に対し、国家公安委員会規則で定めるところにより、更に反復して当該行為をしてはならない旨を警告することができる。

Q156 社員が罪を犯し事件が報道された場合、広報は何をすべきでしょうか？　社員が横領をした場合、何をすべきですか？

Ⓐ　どのような犯罪であるのか、また身柄が拘束されているのか否か、その社員のおかれている状況で異なるでしょうが、就業規則で「刑罰法規に定める違法な行為を犯したとき」に懲戒解雇と定められており、その行為が懲戒解雇もやむを得ない程度に悪質な場合には、その処分を受けることになるでしょう。会社にマスコミなどからその社員の人物像への問い合わせがあった場合、各社員には、広報を通してコメントするというように、情報提供の窓口は1つにすることが必要です。

横領とは、会社の金を使い込むなど、不正行為を行うことです。刑法253条の横領罪となります。これは、社員個人の犯罪でありますが、このような社員を出したことにつき、会社の人事管理はどのようになっているのか、会社の財産の損失は株主の財産の損失でもあり、その責任をどのようにとるのか、広報は、社会に対して説明責任を負うことになります。事実関係を報告することが必要です。

【刑法253条】　業務上自己の占有する他人の物を横領した者は、10年以下の懲役に処す

Q157 顧客リストが外部に漏れた場合、どのような措置をとることが必要となりますか？

Ⓐ「機密漏洩行為」が就業規則で懲戒解雇事由にあげられていること、そして漏洩した機密が会社にとって重要なものであるならば、会社に対する極度の信用の破壊をもたらし、たとえば不正競争防止法2条に該当するような行為であるならば会社に重大な損害を与える行為となるので、懲戒解雇となることもあり得ます。顧客リストの漏洩が故意に行ったものか過失によるものかにより、その処分は異なりますが、広報としては、いち早く、顧客リストが漏洩したことを伝え、謝罪することが必要です、このことについては、Q106でも記しています。

【不正競争防止法2条4号】 窃取、詐欺、強迫その他の不正の手段により営業秘密を取得する行為（以下「営業秘密不正取得行為」という。）又は営業秘密不正取得行為により取得した営業秘密を使用し、若しくは開示する行為（秘密を保持しつつ特定の者に示すことを含む。次号から第9号まで、第19条第1項第6号、第21条及び附則第4条第1号において同じ。）

Q158 脱税を指摘された場合、何をすべきですか？

Ⓐ 租税は、社会を構成する資金であり、それにより企業活動を円滑に行えるインフラが整備されます。その利便だけを享受し、脱税をして応分の負担をしないということは、社会から見て到底納得できないことです。脱税は、この意味で、厳しく非難されるべきものですが、税務署との見解の相違により脱税となることがあります。広報としては、この脱税とされる行為は、法人税法159条で犯罪とされるような意図的なものではなく、見解の相違によるものであることを、速やかにマスメディアなどを通して、自己の立場を主張しておくことが必要です。

Q159 贈収賄事件があった場合、広報は何をすべきですか？

Ⓐ 贈収賄には、刑法198条の贈賄罪が適用されます。

賄賂を渡す側・贈賄は、3年以下の懲役または250万円以下の罰金です。

賄賂を受け取る公務員側・収賄は、下図のように分類されます。

このような事件を起こした場合、会社としては、関係者を処分し、新体制で出直すしかありません。広報は、その旨を、公表することが必要です。

単純収賄	賄賂を収受する 5年以下の懲役
受託収賄	職務上のことにつき請託を受けて賄賂を収受する 7年以下の懲役
事前収賄	公務員になる前に賄賂を収受する 5年以下の懲役
事後収賄	請託を受けた公務員が退職後賄賂を収受する 5年以下の懲役
第三者収賄	請託を受けて賄賂を別人に受け取らせる 1年以上20年以下の懲役
加重収賄	職務に関して不正行為を行って賄賂を受け取る 1年以上20年以下の懲役
あっせん収賄	他の公務員に不正行為をさせる 5年以下の懲役

Q160 背任となるような事件を起こした場合、広報は何をすべきですか？

Ⓐ 民間の場合でも、社長や取締役などがその職務に関して不正な請託を受け、その見返りにリベートを受け取った場合には、会社法960条から962条が定める特別背任罪が適用されます。一般の者については、リベートをもらって会社に損害を与えるような行為を行うと刑法247条の背任罪が適用されます。その事件が組織ぐるみか、個人的なものかにつき、その対応は異なります。

【刑法247条】 他人のためにその事務を処理する者が、自己若しくは第三者の利益を図り又は本人に損害を加える目的で、その任務に背く行為をし、本人に財産上の損害を加えたときは、5年以下の懲役又は50万円以下の罰金に処する。

Q161 爆発事故など労働災害が発生した場合、広報は何をすべきでしょうか？

Ⓐ 爆発事故が近隣に被害を及ぼしているような場合には、民法709条の不法行為責任が生じます。また、その事故につき、消防法5条の防火管理を適切に行っていなかった場合には、その責任が問われますし、従業員に被害が及んでいるような場合には、労働者災害補償の問題が発生します。広報としては、まず、謝罪をし、その上で事故の原則、その補償の方針を説明することが必要となります。

【民法709条】 故意又は過失によって他人の権利又は法律上保護される利益を侵害した者は、これによって生じた損害を賠償する責任を負う。

【消防法5条】 消防長又は消防署長は、防火対象物の位置、構造、設備又は管理の状況について、火災の予防に危険であると認める場合、消火、避難その他の消防の活動に支障になると認める場合、火災が発生したならば人命に危険であると認める場合、その他火災の予防上必要があると認める場合には、権原を有する関係者（特に緊急の必要があると認める場合においては、関係者及び工事の請負人又は現場管理者）に対し、当該防火対象物の改修、移転、除去、工事の停止又は中止その他の必要な措置をなすべきことを命ずることができる。ただし、建築物その他の工作物で、それが他の法令により建築、増築、改築又は移築の許可又は認可を受け、その後事情の変更していないものについては、この限りでない。

Q162 過労死を訴えられた場合、何をすべきでしょうか?

Ⓐ　過密業務が原因で疾病にかかり、死亡すれば、労働基準法79条の遺族補償と労働者災害補償保険の対象となります。遺族補償年金の給付は、遺族の請求によって行われます。その審査は、労働基準監督署に保険給付申請書が提出され、その審査で、労働基準法に則した労働であったか否かが、その判断基準となるでしょう。広報としては、死亡した者の勤務時間などの労働条件がどのようなものであったかを調査しておくことが必要です。

【労働基準法79条】　労働者が業務上死亡した場合においては、使用者は、遺族に対して、平均賃金の1000日分の遺族補償を行わなければならない。

Q163 労働争議が起きた場合、広報は何をすべきでしょうか？

Ⓐ　労働争議は、労働組合法6条による労働者の権利です。使用者は、団交に応じないと不当労働行為として違法になります。労働者の要求が、経営権に関係する事項（経営陣の交代、事業の拡大・変更など）に関する場合は、労働条件の改善といえるか否か、微妙です。広報を行う者は、それぞれの立場の見解を社会に訴えていくことが必要となります。

【労働組合法6条】 労働組合の代表者又は労働組合の委任を受けた者は、労働組合又は組合員のために使用者又はその団体と労働協約の締結その他の事項に関して交渉する権限を有する。

Q164 自殺があった場合、広報は何をなすべきでしょうか?

Ⓐ 自殺は、いたましく、哀悼の意を表すること以外、なにもなすことはありません。広報としては、遺族に対して葬儀その他のことにつき最大限の協力を申し出ることです。自殺の原因が、過労であるとされた場合は、労働基準法79条の遺族補償および労働者災害補償が申請されます。一家心中のような場合には、本人が生き残れば、刑法202条の自殺関与及び同意殺人の罪が問われます。

【労働基準法79条】 労働者が業務上死亡した場合においては、使用者は、遺族に対して、平均賃金の1000日分の遺族補償を行わなければならない。

【刑法202条】 人を教唆し若しくは幇助して自殺させ、又は人をその嘱託を受け若しくはその承諾を得て殺した者は、6月以上7年以下の懲役又は禁錮に処する。

復して当該行為をするおそれがあると認めるときは、当該行為をした者に対し、国家公安委員会規則で定めるところにより、更に反復して当該行為をしてはならない旨を警告することができる。

Q165 セクハラがあった場合、訴訟がおこされたらどうなりますか?

Ⓐ セクハラがあった場合、行為者は被害者に対して不法行為として損害賠償責任（民法709条、710条）を負い、また事業者に対しては使用者の監督責任が問われることがあります。また、行為者は、事業が定める就業規則にしたがい懲戒処分をうけることになります。このことについては、Q112でも触れています。

【民法709条】 故意又は過失によって他人の権利又は法律上保護される利益を侵害した者は、これによって生じた損害を賠償する責任を負う

【民法710条】 他人の身体、自由若しくは名誉を侵害した場合又は他人の財産権を侵害した場合のいずれであるかを問わず、前条の規定により損害賠償の責任を負う者は、財産以外の損害に対しても、その賠償をしなければならない。

Q166 パワハラとは、どのような行為のことをいいますか？

Ⓐ 平成30年成立した労働施策総合推進法（パワハラ防止法）は、①優越的な関係を背景とした言動で、②業務上必要な範囲を超えたもので、③労働者の就業環境を害することと定義しました。具体的には、物を投げつける、大勢の前で威圧的にしかりつける、仕事をはずして別室に隔離、業務と関係ない雑用を強制、退職させるため誰でもできる雑用を強制、性的嗜好・病歴といった機微な個人情報を了解を得ずに公開することなどです（朝日新聞・令和元年12月24日）。加害者は、Q165の場合と同様な扱いを受けることになります。

Q167 カスハラがあった場合、法的にどのように対抗できるのですか？

Ⓐ カスタマーハラスメントがあった場合、相手が「ガソリンをまいて火をつけるぞ」と言ったら脅迫罪（刑法２２２条）、「土下座しろ」といったら強要罪（刑法２２３条）、「社長を出せ」と怒鳴り込んで騒ぎまくれば威力業務妨害罪（刑法２３４条）に該当する罪を犯していることになります。このことについては、Q１１１でも触れています。

【刑法222条（脅迫罪）】 生命、身体、自由、名誉又は財産に対し害を加える旨を告知して人を脅迫した者は、２年以下の懲役又は30万円以下の罰金に処する。

【刑法223条（強要罪）】 生命、身体、自由、名誉若しくは財産に対し害を加える旨を告知して脅迫し、又は暴行を用いて、人に義務のないことを行わせ、又は権利の行使を妨害した者は、３年以下の懲役に処する。

【刑法243条】 威力を用いて人の業務を妨害した者も、前条（信用毀損罪）の例による。

Q168 社員のスキャンダルが報道された場合、広報は何をすべきですか？　社員が犯罪を犯した場合、どのような措置をとることが必要ですか？

Ⓐ　スキャンダルがどのようなものによるかにより、広報の対応は異なります。そのスキャンダルが、迷惑行為防止条例に規定する痴漢行為や児童買春禁止法４条に定める買春を行ったような場合には、事実確認を行った上で、就業規則に従いどのような措置をとるかを広報します。不倫など法の規律の範囲外のことについては、プライバシーの問題として、広報としては、特にコメントするような立場ではないとして放置するしかありません。

【児童買春禁止法４条】　児童買春をした者は、５年以下の懲役又は３００万円以下の罰金に処する。

また、犯罪を犯した場合には、どのような犯罪であるのか、また逮捕されて身柄が拘束されているのか否かにより、その社員がおかれている状況は異なるでしょうが、就業規則で「刑罰法規に定める違法な行為を犯したとき」に懲戒解雇とすることが定められており、その行為が懲戒解雇もやむを得ない程度に悪質な場合には、その処分を受けることになるでしょう。会社にマスコミなどからその社員の人物像に問い合わせがあった場合には、各社員には、広報を通してコメントするように、情報提供の窓口は１つにするのが望ましいでしょう。

Q169 市場操作の疑いがあると報道がされた場合、広報は何をすべきでしょうか？

Ⓐ 株式市場に影響を与えるような偽情報を流すことは金融商品取引法159条で禁止されている行為です。もし、このような疑いがある旨の報道がなされた場合には、広報としては、事実関係を調査し、その真否につき当該報道を行った報道機関に報告することが必要です。

【金融商品取引法159条】 何人も、有価証券の売買（金融商品取引所が上場する有価証券、店頭売買有価証券又は取扱有価証券の売買に限る。以下この条において同じ。）、市場デリバティブ取引又は店頭デリバティブ取引（金融商品取引所が上場する金融商品、店頭売買有価証券、取扱有価証券（これらの価格又は利率等に基づき算出される金融指標を含む。）又は金融商品取引所が上場する金融指標に係るものに限る。以下この条において同じ。）のうちいずれかの取引が繁盛に行われていると他人に誤解させる等これらの取引の状況に関し他人に誤解を生じさせる目的をもって、次に掲げる行為をしてはならない・・・・・・・・

Q170 火災、爆発などを起こした場合、広報部門がすべきことはどのようなことですか？

Ⓐ 火災・爆発を起こした場合、広報部門にはマスコミからの問い合わせがあります。この際、時間・場所を指定して記者会見を開くのが通例です。その席では、まず、火災・爆発を起こしたことへの陳謝・事実の経過・原因の説明・賠償の方針・再発防止策の表明・責任の所在など、順を追って、組織のトップが述べ、その後、質問に応じるのが通例です。

火災・爆発につき、それを起こしたことにつき、刑事罰があります。刑法116条、117条など、失火、激発物破裂の罪です。民事責任については、失火が原因の火災については「失火ノ責任ニ関スル法律」1条により賠償責任が免責されることがありますが、業務上、相当の注意をもって防災にあたる義務がある事業については、この法律によって免責されることはないでしょう。

【失火ノ責任ニ関スル法律1条】 民法709条ノ規定ハ失火ノ場合ニハ之ヲ適用セス但シ失火者ニ重大ナル過失アリタルトキハ此ノ限ニ在ラス

Q171 契約不履行を行った場合、どのような措置をとることが必要ですか？

Ⓐ 正当なクレームとして、契約の不完全履行があります。売買契約や引き渡した製品・請負契約による作業に明らかな欠陥、つまり瑕疵がある場合、契約の不完全履行として債務不履行であり、製品の取り換え・作業のやり直しが必要となります。

売り主や受注者は、納品や検査の段階で、これらのクレームに対応する法的な責任が生じています（民法415条）。

正当なクレームとして、瑕疵担保責任があります。納品・引き渡しの段階で瑕疵の存在が明らかでない場合があります。

その後、それに隠れた瑕疵があることが分かった場合、買主は契約の対象物につき瑕疵があることを知った時点から、1年以内に契約の解除または損害賠償の請求ができます（民法566条、570条）。企業間取引の場合には、瑕疵担保責任の期間は、6月です（商法526条）。

Q172 製品に異物が混入するような嫌がらせや悪戯があった場合、広報はどのようなことをすればよいのですか？

Ⓐ このような嫌がらせや悪戯は、威力業務妨害罪になります。しかし、企業は被害者であるとして、そのまま放置はできません。放置をすれば、企業が加害者となります。人命や健康に関係することであり速かに製品の回収が必要であり、記者会見を開くなど、広報としてはその製品の使用を中止するように社会に訴えることが必要です。

このことについては、食品の場合については、Q150でも、記しています。

【刑法233条】 虚偽の風説を流布し、又は偽計を用いて、人の信用を毀損し、又はその業務を妨害した者は、3年以下の懲役又は50万円以下の罰金に処する。

【刑法234条】 威力を用いて人の業務を妨害した者も、前条の例による。

Q173 報道機関の企業や商品に対する評価につき、それが当を得ない評価である旨の反論を無償で記事にすることを求めることはできますか？　有料で広告記事として掲載を求めることはできますか？

Ⓐ　まずは、できないというべきでしょう。その評価が虚偽の風説を流布して会社の信用を害するような刑法233条の信用毀損罪に該当するような評価でなければ、憲法21条1項が保障する表現の自由により、その企業や商品に対する評価は、表現の自由が保障することです。それに反論がある場合には、反論権あるいはアクセス権として、批判を受けた側は、その報道機関に無償で求める権利、アクセス権があるとする法理論もありますが、判例はこれを認めてはいません。

【憲法21条1項】　集会、結社及び言論、出版その他一切の表現の自由は、これを保障する。

有料で掲載を求めることもできません。記事を載せるか否かは、その報道機関の編集の自由の問題です。その広告記事が当該報道機関の編集方針に合わないと判断した場合には、その掲載の拒否を違法とする法的根拠はありません。当を得ない評価であると考える場合には、自前で地道な広報活動を通して報道機関がおこなった評価を覆す方法をとることが必要です。

Q174 社員が差別的対応をした場合、どのような措置をとることが必要ですか？

Ⓐ 憲法で保障する平等原則は、契約を行うことについても適用されます。人種、信条、性別、門地などを基準にして政治的、経済的、社会的に差別する内容の契約は公助良俗に反する契約です（民法90条）。このような差別的な内容を伴う契約を行うならば、謝罪して是正をしなければブラック企業として社会的信用を失うことになります。

しかし、その差別を行うことに合理的理由があれば、その区別は合法であり、「差別である」とのクレームがあっても、その区別は人格権を侵害するものではないことを、社会に対して主張することが必要です。

Q175 人身事故を起こした場合、どのような措置をとることが必要ですか？

A 企業活動により生命に対する侵害をした場合、クライシスマネジメントとして、被害者や遺族に対しての最大限の配慮が必要なマネジメントとなります。民法710条、711条が適用されます。

法的な対応としては損害賠償の支払であり、傷害・疾病の場合は、慰謝料および治療費であり、死亡の場合は、慰謝料および逸失利益となります。

逸失利益は、有職者・幼児・児童・生徒・学生・家事従事者・無職者など、その者の身分により決定されることになります。

【民法710条】 他人の身体、自由若しくは名誉を侵害した場合又は他人の財産権を侵害した場合のいずれであるかを問わず、前条の規定により損害賠償の責任を負う者は、財産以外の損害に対しても、その賠償をしなければならない。

【民法711条】 他人の生命を侵害した者は、被害者の父母、配偶者及び子に対しては、その財産権が侵害されなかった場合においても、損害の賠償をしなければならない。

Q176 名誉を侵害した場合、どのような措置をとることが必要ですか?

A 一般の新聞、自社のHPなどに謝罪広告を出し、自己の非を認めて、名誉侵害への謝罪を行います。

これは、クライシスマネジメントとして行う措置ですが、法的には、判決により、謝罪することを損害賠償とともに、または損害賠償に代わるものとして強制されることもあります(民法923条)。

【民法923条】 他人の名誉を毀損した者に対しては、裁判所は、被害者の請求により、損害賠償に代えて、又は損害賠償とともに、名誉を回復するのに適当な処分を命ずることができる。

Part 7

広報活動の方法

■場所に関する規制

Q177 街頭でアンケートを行ったり、スピーカーを使用してキャンペーンを行うことには許可が必要ですか？　公園で行う場合はどうですか？

Ⓐ 原則として必要です。公共の場所を使用するためには、道路交通法77条1項の定める警察の許可が必要です。この法律の主旨は、ある程度、規模が大きいことを想定し、許可を必要とするものです、一人であるいは少人数で行っているような場合まで、許可をとって行っていないことを理由に、警察が検挙したことについて、権限の濫用であるとして違法とした判例があります。

公園の利用については、その公園の管理者である国または自治体が定める利用規則があり、それにより許可を求めることが必要です。

公の秩序を乱すおそれ、その他公園の管理上支障がある場合、許可をしないと規則で定めているのが通例ですが、許可しないのはその公園の利用「明白かつ現在の危険」の発生が予想されるような時だけです。

Q178 ポスターを貼ることに、法的な根拠がありますか？

Ⓐ ポスターを貼ることは、表現の自由として保障されています。しかし、他人の家屋などに貼れば、それは他人の財産権を侵害する行為であり軽犯罪法1条33号に触れる行為となります。また、美観風致の維持と公衆に対する危害の防止を図る目的で、屋外広告物法3条1項または各都道府県が制定する屋外広告物規制条例により緑地保全地区、美観地区、風致地区、自然公園の特別地区、自治体の保護する公園などにビラやポスターを貼ることを禁止しています。

【軽犯罪法1条33号】 みだりに他人の家屋その他の工作物にはり札をし、若しくは他人の看板、禁札その他の標示物を取り除き、又はこれらの工作物若しくは標示物を汚した者。

【屋外広告物法3条1項】 都道府県は、条例で定めるところにより、良好な景観又は風致を維持するために必要があると認めるときは、次に掲げる地域又は場所について、広告物の表示又は掲出物件の設置を禁止することができる。

Q179 デモやパレードを行う場合の法的規制は、どのようなものですか？

Ⓐ たとえば、道路その他の公共の場所で集会やデモを行おうとするとき、または場所の如何を問わず集団示威運動を行おうとするときは、書面を提出して公安委員会の許可を受けなければならない、と規定しています。したがって、デモやパレードは、これに該当し、許可が必要です。この許可につき、交通秩序の維持に関する事項、夜間の静謐の保持に関する事項、公共の秩序または公衆の安全を保持するためやむをえない場合の進路、場所または時の変更に関する事項など、条件をつけることがあります。

Q180 お祭りを行う場合は、どうなりますか？

Ⓐ お祭りをする場合、みこし、山車など道路を使用しますが、道路交通法77条1項によると、これらを行うことにつき、警察の許可が必要です。許可の申請があった場合、4号によると当該申請に係る行為が現に交通の妨害となるおそれがあるが、公益上または社会の慣習上やむを得ないものであると認められているときには、必ず許可をしなければならないとしています。

【道路交通法77条4号】 次の各号のいずれかに該当する者は、それぞれ当該各号に掲げる行為について当該行為に係る場所を管轄する警察署長（以下この節において「所轄警察署長」という。）の許可（当該行為に係る場所が同一の公安委員会の管理に属する二以上の警察署長の管轄にわたるときは、そのいずれかの所轄警察署長の許可）を受けなければならない。

4 前各号に掲げるもののほか、道路において祭礼行事をし、又はロケーションをする等一般交通に著しい影響を及ぼすような通行の形態若しくは方法により道路を使用する行為又は道路に人が集まり一般交通に著しい影響を及ぼすような行為で、公安委員会が、その土地の道路又は交通の状況により、道路における危険を防止し、その他交通の安全と円滑を図るため必要と認めて定めたものをしようとする者。

Q181 駅の構内でビラを配布することは認められますか？ ティッシュペーパーの場合は、どうでしょうか？

Ⓐ 駅は、道路や公園のような公共物のように自由に利用できる場所ではありますが、私的な所有権・管理権に服しているという意味では、道路と公園とは異なる性質を有しています。そのため、道路などと同一に論じることはできませんが、その機能に鑑みてパブリック・フォーラムとして、表現の自由ということに関しては、道路や公園と同じように考えるべきとの見解もあります。しかし、現実には、駅の管理権が重視され、鉄道営業法35条が適用される場でビラ配りは禁止され、それを無視して配布行為を行えば、刑法130条の不退去罪が適用されます。

【鉄道営業法35条】 鉄道係員ノ許諾ヲ受ケスシテ車内、停車場其ノ他鉄道地内ニ於テ旅客又ハ公衆ニ対シ寄附ヲ請ヒ、物品ノ購買ヲ求メ、物品ヲ配付シ其ノ他演説勧誘等ノ所為ヲ為シタル者ハ科料ニ処ス

【刑法130条】 正当な理由がないのに、人の住居若しくは人の看守する邸宅、建造物若しくは艦船に侵入し、又は要求を受けたにもかかわらずこれらの場所から退去しなかった者は、3年以下の懲役又は10万円以下の罰金に処する。

ビラでもティッシュペーパーであっても、認められません。構内は駅の管理権に服する場所ですから、同じことです。したがって、ビラやティッシュペーパーを配布しようとするならば、駅の出入口を出た公道や広場で行うことになります。

■時間に関する規制

Q182 街でスピーカーを使用してキャンペーンを行う場合、その音量に制限はありますか？
静かな住宅街でスピーカーを使用してキャンペーンを行うことはできますか？

A 各自治体が制定している騒音防止条例で規定しています。その内容は、自治により若干異なりますが、病院、診療所、学校、図書館、保育所、養護老人ホーム等の周辺でのスピーカーの使用禁止、都市計画法8条が規定する地域地区（たとえば住居専用地域、商業地域など）により一定以上のデシベルを超える音量の禁止、使用時間の設定、同一場所で1回の使用時間を10分間に限定するという形で、制限をしています。また、場所を限定せずに一律に一定以上の音量を制限するというようなものもあります。

また騒音防止条例の規定する範囲内のものであるならば、どのような場所であっても、表現の自由としてキャンペーンを行うことはできます。ただし、広報活動は、迷惑がられたら、逆効果となるものでしょう。なお、限度を超えれば、軽犯罪法1条14号に触れる場合もあります。刑罰の内容は、拘留刑（1日以上1月未満の刑事施設に拘置）または科料（千円以上1万円未満）です。

【軽犯罪法1条14号】 公務員の制止をきかずに、人声、楽器、ラジオなどの音を異常に大きく出して静穏を害し近隣に迷惑をかけた者。

Part8

クレームと法律

■クレーマーへの対応

Q183 クレームに対応すべき法的な義務を事業者は有しますか？

A 消費者基本法によると、事業者の責務として、クレーマーに対応する義務をかしています。つまり、消費者には「消費者に被害が生じた場合は適切かつ迅速に救済されることが消費者の権利」（2条）とし、「事業者は、第2条の消費者の権利の尊重及びその自立の支援その他の基本理念にかんがみ、その供給する商品及び役務について、次に掲げる責務を有する」（5条）と規定しています。

そして、その責務の1つとして「消費者との間に生じた苦情を適切かつ迅速に処理するために必要な体制の整備等に努め、当該苦情を適切に処理すること」（5条）とあり、クレームを行うことは、消費者の正当な権利であり、それに対応する義務が事業者にはあると規定しています。

このように法的には、事業者の責務ですが、同時に、自己の製品・サービスへの辛口の批評であり、マーケット・リサーチとしての意義があることを意識しておくことも必要です。

Q184 悪質なクレーマーの言い分は、どのようなものですか？

Ⓐ 悪質なクレームを行う者の法的根拠は、あえて言うならば、錯誤による契約「意思表示は、法律行為の要素に錯誤があったときは、無効とする。ただし、表意者に重大な過失があったときは、表意者は、自らその無効を主張することができない」（民法95条）との条文に準拠しているものといえます。

つまり、購入した物・利用したサービスが自己の予想したものと異なるものであるので ― 動機の錯誤（真実を知っていたならば購入・利用をしない、誤解による契約であるからこの契約は無効である） ― として、その契約の無効を主張し、相応の補償を求めるものです。

この民法が規定する錯誤による契約の無効とは、本人だけではなく通常の人（いわゆる一般的な判断力のある人）であっても同じような判断をするような場合を意味するものであり、通常な売買・利用の契約において、起こりえるものではありません。

したがって、無理筋のクレームであり、消費者基本法の規定する事業者の責務を越えている苦情です。

このことについては、Q167でも触れています。

【民法95条】 意思表示は、法律行為の要素に錯誤があったときは、無効とする。ただし、表意者に重大な過失があったときは、表意者は、自らその無効を主張することができない。

Q185 時効によりクレームを行う権利は消滅します。その期間は、何年ですか？

Ⓐ クレームを受けることにつき、一定の期間を経過したものは正当な申立てであっても時効であり、拒絶する法的権利が生じています。

債権については10年（民法167条1項）が原則ですが、特則として短期消滅時効の規定があります。

短期消滅時効

5年	商事債権（商法522条） 年金・恩給・扶助料・地代・利息・貸借料（民法169条）
3年	医師の診療・助産師の助産・薬剤師の調剤（民法170条1号） 工事の設計・施工または監理を業とする者の工事に関する債権（2号）
2年	弁護士・公証人等の職務に関する債権（民法172条） 生産者・卸売商人・小売商人が売却した産物・商品の代価（民法173条1号） 自己の技能を用い，注文を受けて，物を製作して又は自己の仕事場で他人のために仕事をすることを業とする者の仕事に関する債権（2号） 学芸または技能の教育を行う者が生徒の教育，衣食または寄宿の代価について有する債権（3号）
1年	月又はこれより短い時期によって定めた使用人の給料に係る債権（民法173条1号） 自己の労力の提供又は演芸を業とする者の報酬又はその供給した物の代価に係る債権（2号） 運送賃に係る債権（3号） 旅館，料理店，飲食，貸席または娯楽場の宿泊料，飲食料，席料，入場料，消費物の代価または立替金に係る債権（4号） 動産の損料に係る債権（5号）

Q186 クレーマーへの対応は顧客の引き留めでもあります。その意味は？

Ⓐ 購買または利用した製品・サービスに対して満足した者は、顧客の位置をそのまま維持してくれます。不満を感じた顧客は二度とその企業の製品・サービスを利用することはなくなります。苦情を述べてマーケットより退場する者もいますが、苦情に対応した企業の姿勢に満足、そのまま顧客の地位を維持することもあります。苦情は製品・サービスへの辛口の批評であり、マーケット・リサーチの意義があることを意識しておくことが必要です。

Part9

デマと法律

■デマと法律

Q187 デマは表現の自由の範囲内にありますか?

Ⓐ 企業広報は、ステークホルダーの支持を得ることを目的とした活動です。情報を加工しバイアスをかけた情報操作・プロパガンダ型(自ら働きかけ自らの思う方向に他人や集団を動かすことを目的にする広報)の表現であっても、それが誹謗中傷や不法な商品宣伝でなければ、それは表現の自由として保障されています。

したがって、自社のイメージを上げるために、たとえばCSR活動に関して虚偽・誇大な自社宣伝的な広報を行ったとしても、その虚偽・誇大さが明らかになれば、市場で批判されることになり、自社のブランド価値を下げることになるでしょうが、そこには法的な問題は生じません。

しかし、その表現内容が、他者に向けたデマ(事実とは反する、根拠のない悪宣伝)である場合には、他者の正当な権利を害する恐れがあるので、憲法21条1項の表現の自由の保障の外にあり、法律による規制を受けます。

【憲法21条1項】 集会、結社及び言論、出版その他一切の表現の自由は、これを保障する。

Q188 相手企業のイメージを下げるデマを流すと、どのような法による規制を受けますか?

Ⓐ デマを流すこと、つまり虚偽の事実を発信すれば、信用毀損罪（刑法233条）となります。

確実な資料・根拠を示さないで「あの会社は倒産寸前である」「カタログに書かれているような性能をもっていない」との情報を流すことです。

公の場であるならば、少数の者に虚偽事実を伝えても、その者から多数に伝播する可能性があるので、犯罪は成立します。この者の発言により、信用が現実に毀損されなくとも犯罪は成立します。これを抽象的危険罪といいます。その危険があれば、その時に、犯罪は成立したものとします。3年以下の懲役または50万円以下の罰金となります。説明会、懇談会などの公の場での発言、セールスマンの売り込みでの発言、ネット上での書き込みなどが、これに該当します。

【刑法233条】 虚偽の風説を流布し、又は偽計を用いて、人の信用を毀損し、又はその業務を妨害した者は、3年以下の懲役又は50万円以下の罰金に処する。

Q189 特に、同業である企業に対して「虚偽の風説の流布」を行えば、営業誹謗行為となり、裁判所は不正競争防止法に基づき信用回復措置を命じられますが、それはどのようなことですか？

Ⓐ 競合関係にある事業相互間の公正な競争を確保するために、不正競争防止法があります。

競合関係にある他人の営業上の信用を害する虚偽の事実を告知し、または流布する行為があった場合、そのデマの差止め請求ができます。

この請求は、刑事責任、民法上の不法行為の場合とは異なり、行為者の故意・過失を要件としません。営業誹謗の事実があれば、直ちに、裁判所に対して、その行為の中止を求める差止請求権が認められます（不正競争防止法２条１項14号、３条）。

損害賠償、謝罪、その他信用回復に必要な措置を求める場合には、競争関係にある事業者に、故意・過失があることが必要です（14条）。

【不正競争防止法14条】 故意又は過失により不正競争を行って他人の営業上の信用を害した者に対しては、裁判所は、その営業上の信用を害された者の請求により、損害の賠償に代え、又は損害の賠償とともに、その者の営業上の信用を回復するのに必要な措置を命ずることができる。

Q190 他社の製品と自社の製品との比較、サービスの優劣を行う比較広告で、デマにならないように注意すべきことがあると聞きました。それはどのようなことですか?

Ⓐ 景品表示法（不当景品及び不当表示防止法）により、比較広告そのものは、合法な広告であり、広報であるとしています。

しかし、商品又は役務の品質、規格その他の内容について、一般消費者に対し、実際のものよりも著しく優良であると示し、又は事実に相違して当該事業者と同種若しくは類似の商品若しくは役務を供給している他の事業者に係るものよりも著しく優良であると示す表示であって、不当に顧客を誘引し、一般消費者による自主的かつ合理的な選択を阻害するおそれがあると認められるような表現を行うことは、禁止されています（5条1号、2号）。

比較の方法が公平でないもの、たとえば自社のものは最新鋭、他者のものは1年前の発売のものを比較して、その性能の優劣を示すようなものは、デマであり違法です。

Q191 今後の販売計画を広報する場合、「おとり広告」とならないように注意することが必要であると聞きましたが、それは、どのようなことですか?

A おとり広告となるような広報は違法です。

景品表示法（不当景品及び不当表示防止法に）より、商品又は役務の取引に関する事項について一般消費者に誤認されるおそれがある表示であって、不当に顧客を誘引し、公正な競争を阻害するおそれのある広告は、禁止されます（5条3号）。

たとえば、

① 安価な商品を販売するとしながら、その商品が用意されていない場合。
② その商品が用意されていても数が著しく少ない場合。
③ 「早いもの勝ち」と表示するにつきその人数を明記しない場合。
④ 広告した商品の欠点をあげ他の商品を販売しようとする場合。

これらが、おとり広告の例です。

Part 10

不当景品類及び不当表示防止法（景品表示法）で禁止される広報活動

■過大な景品の禁止

Q192 景品表示法では、広報活動の1つとして過大な景品を提供することを禁止していますす。どのような景品を提供することを禁止しているのですか？

Ⓐ 景品表示法4条では不当な景品とするものを禁止し、その内容は政令で決定するものとしています。

不当な景品として、3つあります。それは、総付景品での不当な景品、一般懸賞での不当な景品、共同懸賞での不当な景品です（※川越憲治「その表示・キャンペーンは違反です」）。

これは、過剰な景品争いを市場にもたらすことを、防止しようとする措置です。

【景品表示法4条】 内閣総理大臣は、不当な顧客の誘引を防止し、一般消費者による自主的かつ合理的な選択を確保するため必要があると認めるときは、景品類の価額の最高額若しくは総額、種類若しくは提供の方法その他景品類の提供に関する事項を制限し、又は景品類の提供を禁止することができる。

Q193 総付景品での不当な景品とはどのようなものですか?

Ⓐ 総付景品とは、商品等の購入者の全員に、または来店した者などに対して、もれなく提供する景品類を言います。下記のようなものが、総付景品です。

① 商店で品物を買った者にすべて景品を渡すようなことです。
② メーカーが購入品に景品または景品引換券を入れておくようなことです。
③ 商店が来店者全員に粗品を贈呈することです。
④ 商店が先着○○名に景品を渡すことです。

商品の購入者、サービスの利用者などにもれなく提供する景品の金額には法的に上限があります。その限度を超えると不当な景品となります。

ポイントカードにより、一定数以上のポイントを得た場合に、景品を渡す場合には、景品表示法が適用されることになりますが、割引を行うような場合は価格の問題であり、景品ではありません。

取引価格	景品類の最高額
1,000円未満	200円
1,000円以上	取引価格の20%

Q194　一般懸賞について何が禁止されるのですか?

Ⓐ　一般懸賞とは、商品の購入者などに対して、「くじ」などの偶然性、または特定行為の優劣の判定により提供する景品類を言います。これには、以下の制約があります。その制約に反する景品は不当な景品となります。

①　「くじ」などの偶然性とは、抽選によるプレゼント、じゃんけんに勝ち残ったらプレゼント、商品のなかに「当たり券」が入っていたらプレゼントをするようなことです。

②　特定行為の優劣判定とは、クイズで正解したらプレゼント、カラオケ大会で優勝したらプレゼントをすることです。

取引価格	景品類の限度額	
	最高額	総額
5,000円未満	取引価格の20倍	懸賞に係る取引価格の2%
5,000円以上	10万円	

Q195 共同懸賞について何が禁止されるのですか？

Ⓐ 共同懸賞とは、一定地域の商店街や同業者が共同で実施する総付景品や一般懸賞を言います。これには制約があります。その制約に反する景品は不当な景品となります。

以下のようなものが共同懸賞の例です。

① 町村単位で、「市民フェス」「七夕まつり」「雪まつり」などを行い、総付景品や一般懸賞を行うような場合です。

② 商店街、アーケード、特定のサービス業者（酒屋、八百屋、クリーニング店など）の多数が共同で総付景品や一般懸賞を行う場合です。中元・歳末等の時期で「大売出し」行う際に行うものであり、年3回を限度とし、年間70日以内に限るとされています。

③ 一定の地域において、一定の種類の事業者の相当多数のものが行う総付景品や一般懸賞を共同で行うような場合です。

④ 「全国書籍まつり」や「〇〇地域みかん祭り」などを行うような場合です。

一般懸賞は、単独またはチェーン店などの規模が小さいキャンペーンを想定しているものですが、一定地域の相当多数の同業者や商店街が共同で実施する一般懸賞が、共同懸賞です。共同懸賞では、景品類の限度額を高くすることが、認められています。

相当多数とは、「小売業者またはサービス業者」「一定の種類の事業を行う事業者」の過半数とされています。この数を確保できなければ、共同懸賞を行うことはできません。

共同懸賞への参加資格を売上高等により制限したり、特定事業者の取引先のみに限定すること、また、懸賞の実施に要する経費の負担・宣伝の方法・抽せん券の配分等につき一部の者に対して不利な取り扱いをするなどの「意地悪」「いじめ」は認められません。

※ caa.go.jp/reprensentation/pdf/100121

景品類の限度額	
最高額	総額
取引額に関係なく 30 万円	懸賞に係る売上予定総額の 3%

■顧客への正しい情報提供

Q196 景品表示法では、売り込みに関して、虚偽誇大な表示を禁止しています。それらは、どのような広報を行うことを、禁止しているのですか？

A 3つあります。

① 優良誤認表示
商品やサービスの内容につき、実際より優良すぎるオーバーな表示を行い、一般消費者の誤認を引き起こすような表示をすると景品表示法違反となります。

② 有利誤認表示
商品やサービスの内容につき、いかにも有利であるような表現を行い、一般消費者の誤認を引き起こすような表示をすると景品表示法違反となります。

③ その他誤認されるおそれがあるとして政令により定められた表示
優良誤認表示、有利誤認表示に該当しないものであっても、その他の誤認されるおそれがある表示の仕方として政令で定められた表示は、不当表示になります。
これらが、おとり広告の例です。

Q197 優良誤認表示とは、どのようなものですか？

Ⓐ 優良誤認表示には、２つのタイプがあります。

1 実際のものより、優良であることを表示するケースです。その例は、次のようなことです。

① 機械で打った「そば」を「手打ち」ということ。
② 実際には調査をしていないのに「外国人に大人気」な製品と宣伝すること。
③ 実際には見られない風景を旅行パンフレットにイメージとして掲載すること、等々。

2 競争業者より、優良であることを表示するケースです。その例は、次のようなことです。

① 具体的な根拠なく、「日本一」「世界一」と商品やサービスの内容につき表示を行うこと。
② 他社の製品と自社の製品を比較するにつき、公平でない比較を行い、自社の製品・サービスの優位性を表示すること、などです。

Q198 優利誤認表示とは、どのようなものですか？

Ⓐ 優利誤認表示には、2つのタイプがあります。

1 実際のものより、有利であることを表示するケースです。その例です。

① 「お徳用」としてセット売りを行いお得感を与えるものであるが、実際は「バラ売り」と同じ価格であること。

② 実際の販売価格を高く設定（1、000円）して、それから値引き（800円）したような二重価格の形で販売すること。

③ 実際に販売する商品より見栄えがきれいな商品をカタログにのせること、等々。

2 競争者のものより著しく有利であることを表示するケースです。その例です。

① 競争相手と同じくらいの価格であるのに「当店だけの大割引セール」との売り出しをすること。

② 架空の製品との比較による最安値を表示すること。

③ 他社の販売パック商品の1・5倍としながら、同量のパック商品で売り出している、等々。

※ 川越憲治「その表示・キャンペーンは違反です」

※ webbu.jp/premiums-and-representatins-act-415

Q199 その他政令で定めるものとは、どのようなものですか？

A 次のものが、不当表示とされています。

・無果汁の清涼飲料水等についての不当な表示　例・果実が入っているように表示する
・商品の原産国に関する不当な表示　例・国名を偽る
・消費者信用の融資費用に関する不当な表示　例・金利を偽る
・不動産の広告に関する不当な表示　例・駅から徒歩・何分を偽る
・おとり広告に関する不当な表示　例・その人気商品を店に置いていない
・有料老人ホームに関する不当な表示　例・入所条件を偽る

Part 11

インターネットと広報

■ネット上の表現行為の特徴

Q200 ネット上、自社への誹謗中傷がある場合、法的にどのような措置がとれますか?

Ⓐ ネットユーザーは、匿名であるが故に、また限られた送信相手であるが故に、面と向かっては言えないような、過激な罵詈雑言を使用して、企業、個人、NPO等を批判すること があります。この批判の内容が、名誉毀損罪(刑法230条)の構成要件に該当すれば、違法性をもつことになり、広報としては、法的な対応をすることが必要となります。刑事告訴、また謝罪広告(民法723条)を求めることができます。

名誉毀損とは、その企業、個人、NPO等の社会的評価を貶める事実無根の事柄を広く伝達することです。

たとえば、「贈賄をしている」など事実に反する情報をネット上にアップすれば、広く伝達したということで、犯罪は成立します。

この場合、現実に相手の社会的評価が下がることは必要なく、その行為があれば、それを危険犯として犯罪は成立します。

Q201 ネット上、営業誹謗行為がある場合、法的にどのような対策がとれますか？

Ⓐ 競争関係にある他者の営業上の信用を害する虚偽の事実を告知し、または流布する行為があった場合は、たとえば「特許権を侵害している」などの事実無根の表現があれば、直ちにその差止め請求ができます。

不正競争防止法では、競争関係にある企業の妨害行為であるが故に、虚偽の事実の告知・流布があれば（2条1項21号）、直ちに、その取消を命ずることができます。

ただ、この営業誹謗行為は、ソーシャルメディア上の場合は、発信者が匿名であることが通例でしょうから、同業者であることを条件とする同法の適用は、事実上、困難でしょう。

広報としては、ネット上、事実無根の情報が流されている、と反論をしておくことが、必要でしょう。

【不正競争防止法2条1項14号】 競争関係にある他人の営業上の信用を害する虚偽の事実を告知し、又は流布する行為。

Q202 ネット上での著作権の侵害と書物などの印刷物での著作権の侵害は、その侵害の程度は大きく異なります。その意味は？

A 著作権法との関係において、問題となるのは、「私的使用のための複製」（30条）、「引用」（32条）です。

「複製」につき、著作物（文章、画像、動画等）について、個人的にまたは家庭内その他これに準ずる限られた範囲内において使用する場合には「私的使用のための複製」としてコピー可能です。

しかし「公然性を有する通信」では、コピーがコピーされ広く拡散していく可能性があり、家庭内その他これに準ずる限られた範囲とはいえません。したがって、画像などをコピーして送信すると、発信者の意図は「私的使用」であっても、違法です。

「引用」については「報道、批評、研究その他引用の目的上正当な範囲内」での著作物のコピーは可能であるので、自己の見解・批評をつけての著作物の送信は可能です。

引用の目的が、正当な範囲を超えているとサイト管理者へ著作権者が申し出た場合、動画サイトなどでは、それにより削除されるものが多いようです。

Q203 SNS炎上ということで悪意ある表現がネット上にあふれることがあります。この悪意ある表現への対応は、無視だといいます。その理由は、何ですか?

Ⓐ 削除依頼・発信者情報開示請求などの法的措置をとる前の対応策として、「無視」が原則であるといわれています。

誹謗中傷に対する反論は、多くの場合、再反撃を煽るだけでなく、かえって社会の注目をあびることになります。また、反論することによって、誹謗中傷の内容が真実であるような印象さえ与えることもあります。

誹謗中傷が内部者でなければ知りえないような情報にもとづくものであれば、相応な内部調査が必要となる場合もあるといわれています。

実害がなければ、とりあえず放置するのが望ましい初期的な対策であろうとされています。

Q204 ネット炎上の元となっている人名の開示を求めることはできますか？

Ⓐ できます。「プロバイダ責任制限法（特定電気通信役務提供者の損害賠償責任の制限及び発信者情報の開示に関する法律3条）」により、プロバイダやサイト管理者は、発信情報が権利侵害と信ずる相当な理由があり、情報発信者に削除の申出があったことを通知し、7日以内に返答がない場合には削除することを定めています。発信者が削除を拒否した場合には、発信者のIPアドレスのみが開示されます。名誉毀損、損害賠償を訴える場合、プロバイダやサイト管理者に裁判所を通して、人名・住所の開示を求めることになります。そして、改めて民事訴訟、刑事告訴ということになります。二度の裁判が必要となるということで、現在、総務省で、SNS発信者の電話番号を直接に開示する方法を検討中とのことです（朝日新聞・令和2年6月5日）。

Part 12

ボランティアと法律

■企業の社会的責任

Q205 企業は、社会の一員として、ＣＳＲ（社会奉仕活動）動を行います。そこには、一定の限界があります。それは、どのようなことですか？

Ⓐ 企業は社会の一員であり、消費者は企業の姿勢を厳しくみています。利益の追求のみをする企業は、社会の支持を得ることはできません。

この意味で、社会貢献活動は、企業の広報活動の重要なパーツであり、その内容は、非常時のボランティア活動、文化活動の協賛、福祉事業への協力・寄付などのＣＳＲ活動などがあります。

これらの活動につき「法人は、法令の規定に従い、定款その他の基本約款で定めた目的の範囲内において、権利を有し義務を負う」（民法34条）との規定による限界があり、法人の目的である利潤の追求に重大な支障をきたすような活動はできません。

過剰なあるいは偏向したボランティア活動であれば、株主総会での説明責任は存在するし、また株主代表訴訟の対象ともなりえます（会社法８４７条）。

Q206 寄付（金銭・物品）に関して、どのような法律が適用されますか？

Ⓐ 募金に応じて金銭を寄付し、財物を寄贈することは、ＣＳＲ活動の重要な行為です。この場合、相手方が寄付を受ける意思がなければ贈与契約は成立しません（民法５４９条）。いやな者・利益が反する者より贈与を受けることはないからです。書面によらない口頭による贈与は、撤回することができます。

ただし、すでに振り込んだ金銭・譲渡されている財物の返還を、贈与の撤回として求めることはできません（民法５５０条）。

【民法549条】 贈与は、当事者の一方が自己の財産を無償で相手方に与える意思を表示し、相手方が受諾をすることによって、その効力を生ずる。

【民法550条】 書面によらない贈与は、各当事者が撤回することができる。ただし、履行の終わった部分については、この限りでない。

Q207 政治献金には、制限があります。どのようなものですか?

Ⓐ 企業は、政党を支持する自由を、憲法上、保障されています。その支持活動は、企業のボランティアですが、その方策として政党・政治団体への金銭の寄付（政治献金）を行うことができます。この場合、政治資金規正法が規定するルールに従うことが要請されます。

企業は、政治家個人への献金は禁止され、政党・政治団体への献金は、年間、資本金に応じて750万円～1億円に制限され（21条の3）、補助金等の公的支援を得ている企業献金は禁止され（22条の3）、赤字企業（22条の4）、外国法人（22条の5）も政治献金は禁止されています。

企業は、政治家個人の後援会への献金は禁止されています。

	個人	企業
政　党	○	○
後援会	○	×

Q208 企業の側の道路で、交通事故があれば、救助活動を行います。その場合、その活動は、事務管理の法理に従います。それは、どのようなことですか？

A たとえば、事業所の前で、交通事故が発生した場合、通報・救護活動を、当然のこととして、行うことになるでしょう。

この場合には事務管理の法理が適用されます。法律上、義務なくして、他人のために事務の管理を始めた者は最も本人の利益に適合する方法によって、その事務の管理をするものとしています。

そして、管理者は、本人の意思を知っているとき、または推知することができるときは、その意思に従うことが必要であるとしています（民法697条）。したがって、本人の希望を確かめて、通報・救護活動を行うことが必要となります。

本人が意思を表明できないような場合には、緊急事務管理として、管理者は、本人の身体、名誉また財産に対する急迫の危害を免れさせるために事務管理をしたときは、悪意又は重大な過失がなければ、これによって生じた損害を賠償する責任は負わないとしています（民法698条）。

遺失物を発見した場合、管理者は、事務管理を始めたことを遅滞なく本人に通知するものとしています（民法699条）。

これら事務管理には費用がかかることがあります。この場合、管理者は、本人のために有益な費用を支出したときは、本人に対し、その償還を請求することができます（民法７０２条１項）。

【民法697条】 義務なく他人のために事務の管理を始めた者（以下この章において「管理者」という。）は、その事務の性質に従い、最も本人の利益に適合する方法によって、その事務の管理（以下「事務管理」という。）をしなければならない。

【民法699条】 管理者は、事務管理を始めたことを遅滞なく本人に通知しなければならない。ただし、本人が既にこれを知っているときは、この限りでない。

<マ>

<ヤ>

<ラ>

<ワ>

<サ>

<タ>

<ナ>

<ハ>

索　引

《著者紹介》

縣　幸雄（あがた・ゆきお）

1939年生まれ。明治大学大学院法学研究科修了。

現在，大妻女子大学名誉教授。

【主要著書】

『その広報に関係する法律はこれです！』（単著）創成社，2005年

『憲法の条文を読んでみませんか』（共著）（第三版）創成社，2010年

【主要論文】

「明治新政府が行った広報活動の軌跡」（2011年）

『コミュニケーション文化論集9』（大妻女子大学コミュニケーション文化学科）

「広報とランチェスターの法則」（2012年）

『コミュニケーション文化論集10』（大妻女子大学コミュニケーション文化学科）

（検印省略）

2020年8月20日　初版発行　　略称 — 広報法律

その広報に関係する法律はこれです！［新装版］

著　者　縣　幸雄
発行者　塚田尚寛

発行所　東京都文京区春日2－13－1　株式会社 創成社

電　話　03（3868）3867　FAX　03（5802）6802
出版部　03（3868）3857　FAX　03（5802）6801
http://www.books-sosei.com　振　替　00150-9-191261

定価はカバーに表示してあります。

ISBN978-4-7944-5069-2 C3232
Printed in Japan

組版：スリーエス　印刷・製本：㊐

落丁・乱丁本はお取り替えいたします。